AF201698

Schirner
Verlag

MARIJA SCHWARZ

# Der SEGEN der ENGEL für dich

## Himmlischer Beistand für jede Lebenssituation

Begleitbuch zu den 50 Karten

**ISBN 978-3-8434-9177-8**

Marija Schwarz
**Der Segen der Engel für dich**
Himmlischer Beistand für jede Lebenssituation


2. Auflage Juni 2022

Box, Karten & Begleitbuch: Simone Fleck & Hülya Sözer, Schirner, unter Verwendung von Bildern von Marija Schwarz sowie von # 289322048 (© Shpak Anton), # 341320430 (© dwph) und # 1689466045 (© TissaNsk), www.shutterstock.com
Bilder: Marija Schwarz, www.marija-schwarz.de
Lektorat: Claudia Simon & Noémi Fekete, Schirner
Printed & bound by: Ren Medien GmbH, Germany

**www.schirner.com**

# Inhalt

# Einleitung

Die Engel sind in einer lichten und sehr fein schwingenden Dimension zu Hause. Aus Liebe zu uns Menschen kommen sie auf die Erde und helfen uns. Sie hauchen ihre Weisheit und ihre bedingungslose Liebe in unsere Herzen, bringen Hoffnung, wo vorher Sorge und Ratlosigkeit waren.
Die Energie dieser feinstofflichen Wesen schwingt so hoch, dass sie dem Göttlichen sehr nah sind und es zuweilen scheint, als würden sie sich im Ewigen auflösen. Aber sie sind noch manifest, nicht so sehr wie wir Menschen, aber doch haben sie eine Form. Weil Engel dem Göttlichen so nah sind, schweben sie beständig in der Glückseligkeit, erfreuen sich an der reinen Energie des Seins.

Auch wir werden eines Tages so licht und feinstofflich sein, dass wir uns engelsgleich am puren Sein erfreuen können. Vielleicht kennst auch du solche Momente, in denen du wie ein Engel die Göttliche Liebe in allem erahnst, dich die einfachsten Dinge derart begeistern, dass du ganz glückstrunken bist und dich fragst, warum es nicht immer so sein kann. Die Zeit wird kommen, in der es mehr Licht als Schatten geben wird, mehr Glück als Leid, und wir werden die Erde in ein Paradies verwandelt haben. Bis dahin können uns die himmlischen Wesen daran erinnern, dass es leichtere Arten des Seins gibt.

Schnell vergessen wir bei all unseren irdischen Problemen, dass es höhere Realitäten gibt, und glauben, dass Trennung und Leid normal seien. In solchen Momenten dürfen wir uns daran erinnern, dass die Engel nicht nur weise Lehrer und liebende Beschützer, sondern Vorbilder sind. Denn wir Menschen sind Engel im Werden. Wir entwickeln uns immer weiter vom Grob- zum Feinstofflichen, weiten unser Energiefeld im Laufe vieler Inkarnationen so sehr aus, dass wir irgendwann kaum noch wahrnehmen werden, wo wir aufhören und der andere beginnt. Dadurch werden wir zunehmend mitfühlend, werden selbst zu einem Engel. Letztlich transzendieren wir sogar den Engel, der wir geworden sind, und tauchen ein ins Meer des Unendlichen. Bevor es so weit ist, geht es jedoch zunächst einmal darum, dass wir unsere Engelsflügel ausbreiten.

Jede Form drängt nach Verfeinerung und letztlich nach kompletter Verschmelzung mit dem Göttlichen.

Auch wenn wir davon noch weit entfernt sein mögen, sollten wir uns nicht entmutigen lassen, sondern weiterhin zum Licht streben und uns darauf ausrichten, sorgenfreier zu werden, mehr Leichtigkeit zu erfahren sowie mehr Verspieltheit und reine Freude zu erleben. Die Engel unterstützen uns dabei, indem sie uns anregen, das Paradies in uns selbst zu entdecken.

Ich weiß, dass es Engel gibt, denn ich habe sie gesehen. Mit meinen physischen Augen und auch mit meinem inneren Auge. Als ich noch sehr jung war, wünschte ich mir zutiefst, Engel malen zu können, aber damals sah ich sie noch nicht und wusste deshalb nicht, wie ich sie darstellen sollte. Ich fühlte zwar ihre Anwesenheit, war aber voller Sehnsucht, sie auch sehen zu dürfen.
Jahre später, ich lag eines Nachts krank im Bett und bekam aufgrund eines Hustens nur schwer Luft, erschien mir der erste Engel. Ich hatte ihn zu diesem Zeitpunkt nicht gerufen, ja, noch nicht einmal an Engel gedacht. Er erschien vor meinem inneren Auge, ganz klar und lebendig. Er hatte die Gestalt eines Mannes in seinen frühen Zwanzigern, trug ein langes, strahlend weißes Gewand mit einem goldenen Gürtel. Er kam mit einem Stab in der Hand auf mich zu, an dessen Spitze sich eine Kugel befand. Diese Kugel leuchtete hell. Der Engel stellte sich als der Engel der Heilung vor. Er

formte vor seiner Stirn mit seinen Händen ein Dreieck, während er mich ansah. Dann forderte er mich auf, die gleiche Geste auszuführen, was ich auch tat. Daraufhin verschwand er – und mit ihm mein Husten. Ich bekam mit einem Mal wieder ganz normal Luft.
Dieses Ereignis war für mich sehr einschneidend. Am nächsten Tag bereitete ich meine Leinwand vor und begann, den Engel zu malen. Dieses Bild, das du auf Karte 28 sehen kannst, war das erste, das nach einer Vision gemalt wurde und auf das noch unzählige andere Visionen und Engelbilder folgen sollten.

Engel sind real, sie existieren in ihrer Himmelsdimension, zu der auch wir Zugang bekommen können. Oft beginnt es mit einem Gefühl für die Engelwesen. Es ist, als ob jemand mit dir im Raum ist und seine Hand auf deine Schulter legt. Du spürst eine lichtvolle Gegenwart.
Damit sich dein Kontakt zu dieser Ebene vertieft, ist es hilfreich, wenn du dich immer wieder in die Stille zurückziehst und deinen Geist auf die Himmelsebene einstimmst. Fernseher, Computer, Handy und andere Ablenkungen halten den Geist oft zu sehr in Aufruhr, als dass du die feinen Signale der himmlischen Besucher wahrnehmen könntest. Deshalb versuche, in deinem Alltag immer wieder Phasen der Stille zu

schaffen, in denen du deinen Geist offen und empfänglich hältst.

Wir haben eine laute, grobe Welt erschaffen. Kein Wunder, dass sich die feinen Engelwesen hier kaum zeigen oder wir sie nicht wahrnehmen, wenn sie da sind. Zu weit klaffen die Ebenen auseinander: Hier die scheinbar logische, praktische, materielle Dimension und dort, weit weg von uns, die geistige, liebevolle, glückselige Sphäre der himmlischen Reiche. Diese Spaltung im Außen spiegelt jene in unserem Inneren wider. Wenn wir jedoch die Räume in uns weiten und selbst zu heiligen Tempeln werden, wird das Licht der höheren Welten in uns hereinströmen. Materie und Geist nähern sich einander wieder an – erst im Innen und dann auch im Außen.

Um diesen Entwicklungsschritt zu vollziehen, müssen wir uns jedoch zunächst von der Überzeugung lösen, dass allein der Verstand zählt, und wieder mehr unserer Intuition vertrauen. Ich meine damit nicht, dass wir nicht praktisch denken und handeln sollen. Nutzen wir allerdings ausschließlich die linke, rationale Seite unseres Gehirns, werden wir nie erfahren, wie zauberhaft und himmlisch das Leben sein kann.

Eine zentrale Botschaft der Engel ist, dass es um das Göttliche in uns geht, nicht so sehr darum, eine äußere Form zu vergöttern. Engel sind wunderschön, voller Milde, Liebe und Seligkeit, und gern richten wir zuweilen unseren ganzen Fokus auf ihr Äußeres, um über so viel himmlische Fülle zu staunen, sie zu bewundern und zu verherrlichen. Aber all das ist auch in uns, und es gilt, den Engel, der wir selbst sind, zum Leben zu erwecken.

Dieses Kartenset lädt dich dazu ein, nicht nur die Dimension der Engel zu betreten, sondern den Engel in dir wachzuküssen. Jede Karte ist wie ein Sternentor, mittels dessen du, wenn du hindurchtrittst, wichtige Erfahrungen machen, innige Gefühle erleben und tiefe Einsichten erlangen kannst. Du wirst dazu angeregt, deine energetische Schwingung zu erhöhen, um mehr Leichtigkeit und Harmonie zu erfahren.

Solange wir in unserer materiellen Sorgenwelt feststecken, erscheint uns das Leben oft grau und trist. Erst wenn unsere Energie hoch schwingt, erkennen wir die tiefere Bedeutung in allem, was ist und geschieht, sehen die Fülle und Schönheit, die uns umgibt, und können den Herausforderungen des Lebens besser begegnen. Kindliche Sorglosigkeit, Leichtigkeit und Glück kommen zurück in unser Leben. Wir erfahren uns als fühlende Wesen voller Liebe und Weisheit.

Lasse uns gemeinsam die höheren Schwingungen in uns selbst erwecken, damit wir sowohl die Himmelswelten deutlicher wahrnehmen als auch das Himmelsreich hier auf Erden erschaffen können. Dann kann sich das Goldene Zeitalter in unserer materiellen Welt manifestieren, und der Himmel wird greifbare Realität.

# Anwendung der Karten

## Begrüßung und Einstimmung

Wenn du die Karten zum ersten Mal in den Händen hältst, kannst du sie ganz bewusst begrüßen und in dein Herz einladen. Halte sie dazu an deine Brust, und fühle ihr Licht und ihre Kraft. Du kannst dabei ein Gebet sprechen, zum Beispiel:

*»Liebe Engel, ich danke euch, dass ihr durch diese Karten zu mir gefunden habt. Ich bin offen für euer Wirken, das im höchsten Göttlichen Sinne geschieht. Möge es mein Leben heiligen und segnen.«*

Bevor du eine Karte ziehst, begib dich an einen Ort, an dem du ungestört bist. Komme zur Ruhe. Wenn du möchtest, kannst du eine Kerze anzünden. Begib dich in eine bequeme Position, und entspanne deinen Körper. Dann nimm die Karten in die Hände, und spüre, wie sich das anfühlt. Du musst keine spezielle Energie wahrnehmen, setze dich nicht unnötig unter Druck.

Dann lege den Kartenstapel in deine linke Hand, und platziere die rechte darüber. Du kannst jetzt eine Affirmation, ein Gebet oder beides sprechen, zum Beispiel:

**Affirmation:**
*»Ich bin offen und empfänglich für die himmlischen Botschaften. Ich bin bereit, meine Anliegen aus der höchsten Perspektive zu betrachten.«*

**Gebet:**
*»Wesen der reinsten Göttlichen Liebe und der höchsten Weisheit, ich öffne mich für eure wundervolle Gegenwart. Helft mir dabei, die innere Anspannung loszulassen und ganz mit der Himmelswelt zu verschmelzen. Ich bin bereit, den Segen jeder einzelnen Karte ganz in mich aufzunehmen. Danke.«*

Jetzt mische die Karten ruhig und bewusst. Nimm sie anschließend in die rechte Hand, die Vorderseiten der Karten von dir abgewandt, sodass du die Motive nicht siehst, und breite sie zu einem Fächer aus.

Im Folgenden findest du Anregungen, wie du mit den Karten bzw. Engeln arbeiten kannst. Diese geben dir Hinweise darauf, welche Themen und Seelenqualitäten in dir entfaltet werden möchten, sei es für den Tag, die

Woche, den Monat, das Jahr oder in Bezug auf eine spezielle Situation.

# Eine Karte ziehen

## Tages-, Wochen-, Monats- oder Jahreskarte

Entscheide dich zunächst, ob du eine Karte für den Tag, die Woche, den Monat, das Jahr oder einen anderen Zeitabschnitt ziehen möchtest. Lege dafür die linke Hand auf den Kartenfächer, den du in der rechten Hand hältst. Vertiefe dich ganz in deine Absicht, eine Karte für den von dir bestimmten Zeitraum zu ziehen, und wende dich dabei innerlich an die Engel. Bitte darum, dass sich dir jener Engel zeigt, der dich in dieser Zeit begleiten möchte. Derjenige, dessen Energie du am meisten benötigst und der dich durch seine liebevolle Präsenz unterstützt und inspiriert.

Wenn es dir schwerfällt, die Karten in einer Hand zu halten, kannst du sie auch auf dem Tisch ausbreiten. Das Halten in der Hand bewirkt jedoch eine stärkere energetische Verbindung zwischen dir und dem Schwingungsfeld der Karten, weshalb ich es sehr empfehle.

Ziehe nun mit der linken Hand, die mit deiner rechten Gehirnhälfte und damit mit deiner Intuition verbunden ist, eine Karte. Sie zeigt deinen Schutzengel, der dich in dem von dir gewählten Zeitraum begleitet.

## Situationskarte

Du kannst auch eine Karte ziehen, um Klarheit und Ausrichtung in Bezug auf ein spezielles Anliegen oder Thema zu erlangen. Dabei kann es um die Beziehungen zu deinen Mitmenschen gehen, deine Partnerschaft, deinen Beruf oder deine Berufung, deinen Lebensweg etc. Wenn du eine Frage stellst, bedenke, dass die Engel nicht mit Ja oder Nein antworten und auch keine Auskunft in Form von konkreten Zahlen und Daten geben. Der Grund hierfür ist, dass solche Antworten inneren Druck und Unruhe erzeugen könnten. Die Engel haben aber den Wunsch, dir jeden Druck zu nehmen, dich zu beruhigen und in dir das Vertrauen zu wecken, dass die Dinge im optimalen Moment und in dem für dich richtigen Tempo geschehen.

Beispiele für mögliche Fragen sind:

- Worum geht es bei dem inneren Prozess, den ich gerade durchlaufe?
- Welcher Engel möchte mir für meine Beziehung mit … einen Ratschlag geben?
- Was darf ich aus meiner aktuellen Situation lernen und verinnerlichen?
- Was sollte ich bei der Verfolgung meines Ziels wissen und beachten?
- Welcher Engel möchte mir in Bezug auf … einen Ratschlag geben und mir eine Inspiration sein?

Bevor du eine Karte ziehst, stelle dich darauf ein, dass dir der entsprechende Engel die Antwort auf deine Frage geben wird. Lege die linke Hand dafür auf den Kartenfächer, den du in der rechten Hand hältst, vertiefe dich ganz in die Frage oder Angelegenheit, um die es dir geht, und wende dich dabei an die Engel. Fühle die energetische Verbindung zwischen deiner Hand und den Karten. Bitte darum, dass sich dir der Engel zeigen möge, der für dein Anliegen zuständig ist. Derjenige, dessen Energie du in deiner speziellen Angelegenheit am meisten benötigst und der dir durch seine liebevolle Präsenz Inspiration, Trost und Unterstützung sein kann.

Wenn es dir schwerfällt, die Karten in einer Hand zu halten, kannst du sie auch auf dem Tisch ausbreiten. Das Halten in der Hand bewirkt jedoch eine stärkere energetische Verbindung zwischen dir und dem Schwingungsfeld der Karten, weshalb ich es sehr empfehle.

Ziehe nun mit der linken Hand, die mit deiner rechten Gehirnhälfte und damit mit deiner Intuition verbunden ist, eine Karte. Sie zeigt den Engel, der dich bei deinem Anliegen unterstützt.

## Die Karte deuten und ihre Energie im Alltag wirken lassen

Nachdem du eine Karte gezogen hast, nimm dir die Zeit, das Bild und die Botschaft in Ruhe auf dich wirken zu lassen. Was ist dein erster Gedanke, wenn du das Bild betrachtest? Welchen Eindruck hast du von dem Engel, der durch die Karte zu dir gekommen ist? Fühlst du dich sofort mit seiner Energie verbunden, oder brauchst du einen Moment, um nachvollziehen zu können, was er dir vermitteln möchte? Was löst die

Botschaft in dir aus? Wie ist deine spontane Reaktion? Du kannst es bei deinem eigenen intuitiven Verständnis belassen oder dir durch den jeweiligen Text in diesem Begleitbuch zusätzliche Inspiration und Unterstützung holen.

Im Begleitbuch findest du zu jeder Karte:

- eine ausführliche Version der Engelbotschaft,
- die Beschreibung und Deutung der Karte
- sowie Fragen, die dir dabei dienen, tiefer in das jeweilige Thema einzutauchen.

Anhand der Fragen kannst du erkennen, wie und wo das jeweilige Thema in deinem Leben wirkt bzw. stärker wirken könnte.
Gehe spielerisch vor, und folge deiner Eingebung. Du kannst nichts falsch machen.

Du kannst deine gezogene Karte im Alltag bei dir tragen und immer wieder daraufschauen, sodass die Kraft des Engels sich stark mit deinem Energiefeld verbindet. Nimm die Karte oft in die Hand, und lasse ihre Energie in dich hereinfließen. Das Thema der Karte wird so eins mit deinem Geist, und er beginnt, höher zu schwingen.

Du kannst dich auch ganz entspannt hinlegen und die Karte auf deine Brust legen. Konzentriere dich dabei auf den Engel, und bitte ihn, seine Energie durch jede Zelle deines Seins strömen zu lassen. Sehr gut geeignet ist diese Herangehensweise kurz vor dem Einschlafen, da im Zustand zwischen Wachen und Schlafen die Energie besonders tief in dein Unterbewusstsein einsinken kann.

Du kannst dich auch gleich nach dem Aufwachen innerlich mit dem auf der Karte abgebildeten Engel verbinden. So wirst du seine Energie den ganzen Tag über spüren.

Vielleicht möchtest du die Karte auch in deinem Zuhause an einem Ort platzieren, wo du oft hinschaust. Dadurch wirst du immer wieder daran erinnert, dass du einen dich unterstützenden Engel an der Seite hast. Das hebt deine Stimmung und erhellt deinen Tag.

Wenn du möchtest, kannst du von der Karte auch Kopien anfertigen und diese in deinen Räumen verteilt aufhängen, eine in dein Auto legen, eine auf deinem Schreibtisch im Büro platzieren und eine weitere als Untersetzer benutzen, um dein Trinkwasser zu energetisieren. Folge deinen eigenen Impulsen und Ideen, um die Karte immer wieder in dein Blickfeld und somit in dein Bewusstsein zu bringen, und lasse dich den ganzen Tag über von der heilenden Präsenz deines himmlischen Begleiters umfangen.

Habe Freude an den Engeln und ihren Botschaften. Denn das ist es, worum es geht. Die himmlische Dimension ist immer voller Verspieltheit und Leichtigkeit. Die Engel setzen dich niemals unter Druck, sie wollen dich weder zu etwas zwingen oder überreden noch dir Angst machen. Im Gegenteil: Die Engel sind für dich da, um dir deine Angst zu nehmen, dich zu entspannen und dich anzuregen, das Gute in allem zu entdecken und voller Vertrauen und Hoffnung deinen Weg weiterzugehen.

Das Wirken der Engel ist subtil, rücksichtsvoll, voller Achtung und Feingefühl. Sie drängen sich dir nicht auf. Fühle dich bei der Deutung der Karten frei, immer auch deine eigenen, intuitiven Eingebungen einfließen zu lassen.

Letztlich möchten die Engel, dass du erkennst, dass du selbst ein Engel bist, und dass dieser in den Vordergrund treten kann. Die Karten helfen dir dabei, zunehmend die Perspektive der himmlischen Welten einzunehmen und mit viel Liebe und Weisheit deinen Weg zu gehen. Nutze sie, um immer mehr in dein eigenes Engelselbst hineinzufinden.

Ich wünsche dir ganz viel himmlischen Segen für dein Leben und für die Arbeit mit deinen Engelkarten. Mögen die Engel dein Herz berühren, dir wertvolle Erkenntnisse, Freude und Leichtigkeit schenken.

# Die Karten

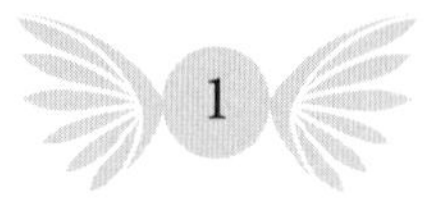


## Engel der Neugeburt

Du kannst immer wieder im Licht neu geboren werden.

### Botschaft der Engel

Die Schwingung einer höheren Daseinsebene möchte in dir geboren werden. Es ist Zeit, dem Neuen Raum zu geben und das Alte in Dankbarkeit für die gelernten Lektionen loszulassen. Du wirst mit neuen Augen schauen, und es wird dir gefallen, was du siehst. Lasse das Vergangene ruhig los, es ist vollendet. Ganz gleich, wie oft du dich im Dunklen verlierst, du kannst immer wieder zurück ins Licht finden und von Neuem beginnen.

## Beschreibung und Deutung der Karte

Zwei Engel begrüßen und segnen ein Neugeborenes, über dem ein großes, strahlendes Herz schwebt. Ein kraftvoller Lichtstrahl verbindet Herz und Kind. Alles ist umgeben von einem Meer aus Blüten. Das Baby steht für das Neue in deinem Leben, das unter einem guten Zeichen, einem Herzstern, geboren ist.

## Fragen

- Fällt es dir schwer, Altes in Dankbarkeit ziehen zu lassen?
- Woran hältst du zurzeit fest, obwohl du weißt oder spürst, dass es Zeit ist, loszulassen?
- Was ist das Neue, das sich in deinem Leben manifestieren möchte?

## Engel der Dankbarkeit

Schenke den scheinbar kleinen Dingen mehr Aufmerksamkeit, und feiere sie.

### Botschaft des Engels

Es gibt vieles, wofür du jetzt dankbar sein kannst. Anstatt darüber traurig zu sein, dass etwas, was du dir wünschst, noch nicht in Erfüllung gegangen ist, richte deine Aufmerksamkeit auf die vielen kleinen, scheinbar selbstverständlichen Dinge, die dein Herz bereits erfreuen können. Das wird deine Stimmung heben und dir die Energie verleihen, deine Ziele zu erreichen.

### Beschreibung und Deutung der Karte

Der Engel schaut voller Liebe und Dankbarkeit auf einen Blumenstrauß. Dieser steht für die alltäglichen Dinge, denen du vielleicht kaum Aufmerksamkeit schenkst, die aber voller wunderbarer Energie sind und dich zutiefst erfreuen können. Bist du dir dessen bewusst, kannst du, anstatt ungeduldig und unzufrieden auf das eine große Ereignis zu warten, das dich in der Zukunft glücklich machen soll, jetzt schon dankbar und zufrieden sein.

## Fragen

- Kannst du das Jetzt genießen, oder glaubst du, dass dein Glück in der Zukunft liegt?
- Wofür kannst du in diesem Moment dankbar sein? Denke an fünf scheinbar kleine Dinge, die bereits in deinem Leben sind. Etwas, was dich eigentlich glücklich macht, dem du aber zu wenig Aufmerksamkeit schenkst, weil es dir unbedeutend erscheint.
- Hast du schon einmal über deine Hände gestaunt, darüber, zu was sie alles imstande sind? Oder bist du dir dessen bewusst, was für einen Liebesdienst dir deine Füße jeden Tag erweisen, indem sie dich überallhin tragen?

## Engel der Selbstsicherheit

Bleibe dir selbst treu, und gehe entschlossen deinen Weg.

### Botschaft des Engels

Glaube an dich und deine Vision. Es ist wichtig, dass du dich selbst lobst und bestärkst. Warte nicht darauf, dass es andere tun. Sei dir selbst dein bester Freund, und motiviere dich unablässig. Wenn du im Außen keine Bestätigung findest, musst du innerlich umso sicherer und entschlossener sein. Lasse dich weder beirren noch ablenken. Nicht jeder Mensch muss deinen Weg verstehen und ihn gutheißen.

## Beschreibung und Deutung der Karte

Der Engel schaut selbstsicher und vertrauensvoll nach vorn. Er ist optimistisch und strahlt Zuversicht aus. Ohne Zweifel oder Unsicherheit geht er seinen eigenen Weg. Er weiß genau, wer er ist, und er folgt seinem ureigenen, lichtvollen Pfad. Die Stimmung des Bildes ist intensiv, dynamisch und kraftvoll, aber auch voller Schönheit, Leuchtkraft und Fröhlichkeit. Lasse die Stimmung auf dich wirken, und folge wie der Engel deiner Vision.

## Fragen

- Hindern dich Selbstzweifel daran, deinen Sehnsüchten zu folgen und deine Träume zu verwirklichen?
- Lässt du dich von der Meinung anderer leicht beeinflussen, oder bleibst du dir selbst treu und gehst deinen eigenen Weg?
- Zögerst du noch, dein Licht zum Strahlen zu bringen, weil du befürchtest, andere zu irritieren, vor den Kopf zu stoßen oder in den Schatten zu stellen? Was könnte dir helfen, dein Zögern zu überwinden?

## Engel der Achtsamkeit

Gehe achtsam deinen Weg, und vertraue darauf, dass alles seine Zeit hat.

### Botschaft der Engel

Überstürze nichts, sondern übe dich in Geduld. Gehe achtsamen Schrittes voran, ganz ohne Eile. Du verschwendest dadurch keine Zeit, sondern bekommst einen genauen Eindruck von der Situation und kannst dich besser auf sie einstellen. Viele Dinge fallen dir auf, die du in der Eile übersehen hättest. Mit jedem bewussten Schritt und Atemzug fühlst du, wie die Lebenskraft dein ganzes Sein durchdringt, und das Gefühl, gesegnet zu sein, erfüllt dich.

## Beschreibung und Deutung der Karte

Die Engel gehen langsamen und bedachten Schrittes einen Berg hinunter. Sie sind sehr aufmerksam und fokussiert. Sie gehen dicht beieinander, wodurch ihre Energie konzentriert und gebündelt bleibt. Eine stille und bedächtige, fast feierliche Atmosphäre umgibt die Engel. Sie sind aus den himmlischen Sphären herabgestiegen, um dich daran zu erinnern, dass dein Weg gesegnet ist und du ihn voller Achtsamkeit beschreiten darfst.

## Fragen

- Wie geduldig bist du mit dir und anderen?
- Beeilst du dich, um möglichst schnell an dein Ziel zu kommen, und vergisst dabei die Bedeutung der achtsamen und langsamen Schritte?
- Übersiehst du oft in der Hast Details, die sich am Ende als wichtig herausstellen?

## Engel der Kreativität

Erlaube dir, deine Kreativität spielerisch auszudrücken.

### Botschaft der Engel

Du darfst das schöpferische Potenzial deines inneren Künstlers entfalten. Ob Singen, Musizieren, Tanzen, Malen, Dichten … – es gibt so viele Möglichkeiten, deinem Inneren Ausdruck zu verleihen. Lasse die Angst vor der Be- und Verurteilung los. Es geht nicht um Perfektion oder darum, dass das, was du tust oder erschaffst, anderen gefällt, sondern es geht um die reine Freude am Ausdruck. Gehe spielerisch an die Sache heran, und lasse die Energie einfach fließen.

## Beschreibung und Deutung der Karte

Die Engel musizieren, singen und tanzen in der Natur. Sie sind ganz bei sich und versunken in der Glückseligkeit. Drei Lämmchen sind zugegen, sie lauschen friedvoll der Musik und genießen die zauberhafte Stimmung. Um deinen eigenen Ausdruck zu finden, ist es hilfreich, wenn du dich oft in der Natur aufhältst. Sie ist in ihrer Energie sehr hoch schwingend. In ihr findest du Kraft, Frieden und Stille. Dadurch kannst du dich entspannen und deine Kreativität fließen lassen.

## Fragen

- Von welcher Art des kreativen Ausdrucks fühlst du dich am meisten angezogen? Ist es Singen, Malen, Schreiben, Dichten, Basteln …?
- Traust du dich nicht, deine Kreativität auszuleben, weil du glaubst, dass allein Perfektion zählt?
- Angenommen, das Ergebnis würde keine Rolle spielen: Was würde dein Herz gern zum Ausdruck bringen?

## Engel der Bewusstheit

Öffne dich bewusst NUR für gute, lichtvolle Gedanken und Gefühle.

### Botschaft des Engels

Werde gewahr, dass du deinen Gedanken und Gefühlen nicht hilflos ausgeliefert bist. Lasse dich nicht von ihnen treiben wie ein Papierschiffchen auf dem Meer, sondern nimm das Ruder in die Hand. Bestimme selbst, wohin es geht. Durch das Dritte Auge kannst du mehr Kontrolle über deinen Geist und deine Emotionen erlangen und sie bewusster lenken. Verbringe Zeit in der Stille, meditiere oder praktiziere Yoga, um dein Drittes Auge anzuregen. Es geht darum, dass du dich bewusst für stärkende Gedanken und freudvolle Gefühle öffnest.

## Beschreibung und Deutung der Karte

Der Engel küsst das Mädchen auf die Stirn. Die Stimmung ist friedlich und zugleich von himmlischer Kraft erfüllt. Der Kuss erweckt das Dritte Auge des Mädchens, vom dem lichtvolle Impulse ausgehen. Dieses Energie- und Steuerungszentrum zwischen den Augenbrauen wird auch Ajna-Chakra genannt. Je weiter es sich öffnet, desto empfänglicher wirst du für hoch schwingende Energien. Du wirst bewusster im Umgang mit deinen Gedanken und Gefühlen und spürst auch, dass du auf Göttliche Weise geleitet wirst.

## Fragen

- Welche Gedanken und Gefühle dominieren deinen Alltag: erfreuliche oder schädliche?
- Wünschst du dir, mehr Einfluss auf deine Gedanken- und Gefühlswelt zu haben?
- Wie möchtest du dich in diesem Moment, an diesem Tag oder in deiner aktuellen Situation fühlen? Schließe die Augen, und stelle es dir so optimal und lebhaft vor, wie es dir nur möglich ist.

## Engel des besonderen Schatzes

Schaue tiefer, blicke hinter die Oberfläche, und erkenne die heilige Essenz.

### Botschaft der Engel

Von außen betrachtet, erscheint das Leben oft trivial, belanglos und ohne Glanz. Schaust du jedoch hinter die Oberfläche, erkennst du den besonderen Schatz, den Göttlichen Funken, der in allem ruht. In der Tiefe liegen immer Glück, Harmonie, Hoffnung, Segen und Erfüllung. Daher verliere dich nicht in Oberflächlichkeiten, sondern richte deinen Fokus auf den heiligen Kern in allem, was existiert.

## Beschreibung und Deutung der Karte

Zwei Engel blicken liebevoll und voller Achtung auf eine Taube, um deren Kopf ein Heiligenschein erstrahlt. Ganz ruhig und wie selbstverständlich sitzt sie auf dem Arm des einen Engels. Die Taube steht für das Heilige, den Göttlichen Funken, der der gesamten Schöpfung zugrunde liegt. Wirst du dieses besonderen Schatzes gewahr, erscheint dir dein Leben nie wieder bedeutungslos.

## Fragen

- Bist du dir bewusst, dass in allem, was ist, ein Göttlicher Kern existiert?
- Würdigst du diesen Schatz, oder verlierst du ihn aufgrund des irdischen Dramas immer wieder aus den Augen?
- Wie würde sich dein Leben verändern, wenn du in jedem Lebewesen und jeder Situation das Heilige erkennen könntest?

## Engel der Entschlossenheit

Entscheide dich mit Leichtigkeit, und tue das, was ansteht.

### Botschaft des Engels

Lasse dein Zögern und Zaudern hinter dir, und tue das, was ansteht. Mache den ersten Schritt, und du wirst sehen: Wenn du erst einmal angefangen hast, wird dir jeder weitere Schritt, jede Entscheidung ein Stück leichter fallen. Richte den Fokus auf dein Ziel. Visualisiere, wie du es erreichst, und spüre, wie Entschlossenheit und Tatkraft in dich einfließen. Vertraue darauf, dass deine Seele dich voller Weisheit führt, solange du bei deinen Zielen stets das Gute, Bedachte und Liebevolle im Auge behältst. Dann kannst du auch lichtvolle und harmonische Ergebnisse erwarten.

## Beschreibung und Deutung der Karte

Der Engel ist ein junges Mädchen mit entschlossenem, fokussiertem Blick. Seine strahlend weißen Flügel und seine Arme sind ausgebreitet, was Offenheit signalisiert. Wenn auch du solche Offenheit mit Entschlossenheit kombinierst, gelingt es dir, deine Ziele zu verfolgen, ohne verbissen und hart zu werden.

## Fragen

- Fällt es dir schwer, dich zu entscheiden, weil du zum Beispiel Prioritäten nicht gut festlegen kannst?
- Hast du manchmal das Gefühl, auf der Stelle zu treten?
- Worin besteht der erste Schritt in Richtung deines Zieles? Und was könnte dir helfen, ihn zu gehen?

# Engel des Vertrauens

Vertraue darauf, dass sich alle Hindernisse auflösen.

## Botschaft des Engels

Lasse deine Zweifel los, und vertraue darauf, dass alles gut werden wird. Alles entwickelt sich im für dich optimalen Tempo, auch wenn es dir nicht immer so erscheint. Wenn du aus einer höheren Perspektive auf dein Leben blickst, erkennst du, dass es sich ganz wunderbar entfaltet. Gehe deinen Weg weiter in dem Wissen, dass sich alle Hindernisse zur rechten Zeit auflösen werden. Oft geschieht das ganz plötzlich und unerwartet, und selbst das, was zuvor aussichtslos erschien, wird auf einmal möglich.

## Beschreibung und Deutung der Karte

Der Engel erhebt sich kraftvoll in die Lüfte, seine Hände sind zum Segen erhoben, die langen Haare wehen im Wind. Diese Dynamik in Verbindung mit den strahlenden Farben des Bildes steht für den ständigen Wandel des Lebens. Alles ist im Fluss, verändert sich, wodurch sich dir neue Wege und Möglichkeiten offenbaren. Stagnation ist eine Illusion.

## Fragen

- Erinnerst du dich an eine Situation, in der du dachtest, es würde nicht weitergehen, und dann tat sich doch ein Weg auf?
- Kannst du akzeptieren, dass es manchmal vieler kleiner anstelle eines großen Schrittes bedarf, um ans Ziel zu gelangen?
- Wie würdest du dich schon jetzt fühlen, wenn du den Zweifeln weniger und dem Vertrauen mehr Raum in deinem Geist und in deinem Herzen geben würdest?

# Engel der Ausrichtung

Sei fokussiert, und lasse alles los, was dich daran hindert, dein Ziel zu erreichen.

## Botschaft des Engels

Damit du deine kleinen und großen Ziele fokussieren und erreichen kannst, musst du dich manchmal erst vom Altbekannten lossagen. Halte nicht zwanghaft an dem fest, was dir zwar Sicherheit vermittelt, dich aber auch hemmt und zurückhält. Lasse los, was dich daran hindert, dich neu auszurichten, und öffne dich für Veränderung und Wachstum.

## Beschreibung und Deutung der Karte

Der Engel stützt sich mit einer Hand an einem Felsen ab. Mit der anderen zeigt er nach oben, in die Richtung, in die er auch blickt, als würde er ein Ziel anvisieren. Der Felsen und der Stein, auf dem er steht, symbolisieren die Stabilität und Sicherheit des Vertrauten. Manchmal musst du das dir bekannte Terrain verlassen und den Sprung ins Unbekannte wagen, um deine Ziele zu erreichen. Nutze den Felsen gern als Stütze, aber halte dich nicht daran fest, wenn du spürst, dass es Zeit ist, zu neuen Ufern aufzubrechen.

## Fragen

- Fällt es dir schwer, Vertrautes hinter dir zu lassen, obwohl du spürst, dass die Zeit dafür gekommen ist?
- Kannst du das Neue erahnen, das dich erwartet?
- Was könnte dir helfen, deine Angst vor Veränderung zu überwinden und dein Ziel fokussiert anzusteuern?

## Engel des Lichts

Erkenne selbst in schwierigen Situationen das Licht.

### Botschaft des Engels

Jede Situation birgt etwas Gutes in sich, auch dann, wenn es dir gerade nicht so erscheinen mag. Alles, was du erlebst, geschieht, um dich auf deinem geistigen Weg weiter voran zu bringen. Es gibt keine Zufälle. Wenn du in einer Krise steckst, nimm die Gelegenheit wahr, zu ergründen, wie es dazu gekommen ist. Es können zum Beispiel schädliche Glaubenssätze, eine pessimistische Lebenseinstellung oder ungute Gewohnheiten dahinterstecken. Betrachte die Situation als Chance zum Lernen und Wachsen.

## Beschreibung und Deutung der Karte

Ein Engelskind sitzt im verschneiten Wald und schaut voller Liebe auf das Licht, das es in den Händen hält. Auch einige Tiere des Waldes erfreuen sich daran. Die Atmosphäre ist erfüllt von Wärme und Frieden. Wenn du schwierige, karge Zeiten nutzt, um Erkenntnisse für deinen weiteren Weg zu gewinnen, wird die Welt gleich ein Stück heller. Problematische Situationen lassen sich manchmal nicht vermeiden, aber du kannst aus ihnen lernen und gestärkt aus ihnen hervorgehen.

## Fragen

- Wünschst du dir inneres Wachstum ohne Herausforderung?
- Erinnere dich an eine schwierige Situation, die du durchlebt und gemeistert hast. Was hast du aus ihr gelernt?
- Erkennst du, dass Krisen dazu da sind, dich auf deinem Weg weiter voran zu bringen?

## Engel der Kommunikation

Stehe zu deiner Wahrheit, und sprich sie mutig und mit Bedacht aus.

### Botschaft des Engels

Stehe zu deiner Wahrheit, und sprich sie aus. Unterdrücke deine Stimme nicht länger. Das, was du zu sagen hast, ist wichtig, du bist wichtig, daher kommuniziere offen. Achte jedoch darauf, dass du dich mit Bedacht und konstruktiv ausdrückst, um andere nicht zu verletzen.

## Beschreibung und Deutung der Karte

Ein Engel sitzt auf einem Baumstamm und spricht mit zwei Pfauen. Sie befinden sich an einem paradiesischen Ort voller Blumen und Palmen. Im Hintergrund rauscht ein Wasserfall. Die Stimmung ist entspannt und harmonisch. Wenn du offen kommunizierst, können dich andere besser kennenlernen. Sie verstehen, was dir wichtig ist, und erkennen, wo deine Grenzen sind. Drücke dich klar aus, achte jedoch auf deine Wortwahl, und vermeide impulsive Gefühlsausbrüche. Nur wenn du dich unmissverständlich und zugleich besonnen ausdrückst, ist ein harmonisches Miteinander möglich.

## Fragen

- Bleibst du oft stumm, weil du denkst, dass das, was du zu sagen hast, unwichtig sei?
- Gibt es ein Thema, das dir schon länger auf dem Herzen liegt, das du dich jedoch aus Angst vor der Reaktion des anderen nicht traust anzusprechen?
- Stelle dir vor, du würdest deine Wahrheit offen und achtsam kommunizieren. Welche Chancen würden sich im Miteinander von dir und deinem Gegenüber auftun?

# Engel des weichen Fokus

Sei fokussiert und gleichzeitig voller sanfter Hingabe.

## Botschaft des Engels

Sei fokussiert, jedoch nicht überspannt. Du kannst dich auf einen Menschen oder eine Sache konzentrieren, ohne verbissen und hart zu werden. Deinen Fokus auf etwas zu richten, was dir wichtig ist, ist gut. Achte jedoch darauf, dass du dich nicht verkrampfst. So bleibst du in deiner Kraft und erreichst leichter dein Ziel.

## Beschreibung und Deutung der Karte

Der Engel schaut in die Ferne, sein Blick ist fokussiert und sanft zugleich. Sein Drittes Auge blitzt auf. Vor allem in der spirituellen Praxis versuchen Menschen häufig, mit aller Kraft bestimmte Energien zu erwecken, um sich geistig weiterzuentwickeln. Verbissenheit führt jedoch nicht zur Erleuchtung. Weil die erhofften Ergebnisse ausbleiben, schlägt der Ehrgeiz schnell in das andere Extrem um: Erschöpfung und Antriebslosigkeit machen sich breit. Es geht nicht darum, deinen Enthusiasmus zu dämpfen, sondern darum, ihn in die Balance zu bringen.

## Fragen

- Neigst du dazu, von einem Extrem ins andere zu wechseln: von hochengagiert zu völlig demotiviert?
- Was könnte dir helfen, weniger Verbissenheit an den Tag zu legen?
- Wie würdest du dich fühlen, wenn du deine Ziele entspannter angehen würdest?

## Engel der Transformation

Die Hindernisse in deinem Leben werden zu kostbaren Perlen.

### Botschaft des Engels

Aus Hindernissen entsteht letztlich immer etwas sehr Kostbares. Vielleicht erscheint dir dein aktuelles Problem zu massiv, als dass es etwas Gutes mit sich bringen könnte. Schon bald wirst du jedoch die wertvolle Lektion, die dir das Leben vermitteln will, klar erkennen und dich am Ergebnis deiner Bemühungen erfreuen können. Daher gib nicht auf, halte durch, und arbeite weiter an der Lösung. Die Transformation deines Problems in etwas Willkommenes hat bereits begonnen.

## Beschreibung und Deutung der Karte

Ein Engel steht in einer geöffneten Muschel, die an den Strand geschwemmt wurde. In seiner Hand hält er eine Perle. Wenn ein Sandkorn in eine Muschel hineingelangt, versucht sie, es abzustoßen. Gelingt ihr das nicht, umhüllt sie es mit Perlmutt, um Verletzungen zu verhindern. Das Ergebnis ist ein wunderschöner und kostbarer Schatz. Die Muschel wandelt also eine schwere Aufgabe in eine bezaubernde Gabe. Wenn dir das Leben Hindernisse in den Weg legt, gib nicht auf, sondern mache unermüdlich weiter. Habe Vertrauen, dass am Ende alles gut sein wird, dass sogar etwas außerordentlich Zauberhaftes entstehen wird.

## Fragen

- Stehst du gerade vor einer Herausforderung, die dich verzweifeln lässt?
- Wie würdest du dich fühlen, wenn du darauf vertrauen könntest, dass dein Problem bereits jetzt in etwas Kostbares transformiert wird? Welcher Schatz könnte gerade im Entstehen sein?
- Was würde dir dabei helfen, durchzuhalten, bis du die Hürde überwunden hast? Was gibt dir Energie?

## Engel der Natur

In der Verbindung mit der Natur schöpfst du neue Kraft.

### Botschaft des Engels

Gehe regelmäßig in die Natur, vor allem in anstrengenden Zeiten. Lasse den Trubel hinter dir, und tauche ein in die Einfachheit des Seins. Sieh das Grün der Pflanzen, höre das Zwitschern der Vögel, spüre den Wind in deinem Haar und die Sonne auf deiner Haut. Mutter Natur erfrischt deinen Geist, befreit dich von belastenden Energien und schenkt dir neue Kraft. So gelangst du wieder in deine Mitte und kannst gestärkt in deinen Alltag zurückkehren.

## Beschreibung und Deutung der Karte

Der Engel sitzt umgeben von Lämmern und Tauben auf einer Wiese. Segnend hält er die Hände über ein Rehkitz, das sich vertrauensvoll an ihn schmiegt. Wärme und Sorglosigkeit sind allgegenwärtig. Es muss nicht immer kompliziert und schwer sein – es geht auch leicht und mühelos. Erlaube dir, die Natur zu genießen, dich an ihrer Vielfalt zu erfreuen und ihre heilende Kraft in dich aufzunehmen.

## Fragen

- Ist dir bewusst, dass die Natur nicht nur deinem Körper guttut, sondern dich auch innerlich aufatmen lässt und dein ganzes Wesen mit neuer Energie versorgt?
- Mache einen Spaziergang durch den Wald oder Park. Wie fühlst du dich danach? Bist du ruhiger und entspannter? Kannst du klarer denken?
- Wie könntest du deinen Alltag planen, um regelmäßig Zeit in der Natur verbringen zu können?

## Engel der Gelassenheit

Lasse alle Anspannungen los. Gelassenheit und Leichtigkeit kehren in dich ein.

### Botschaft des Engels

Lasse alle Anspannung los, und reduziere dein Tempo. Du musst keine Angst davor haben, gleichgültig zu werden oder die Kontrolle zu verlieren, wenn du es einmal ruhig und gelassen angehen lässt. Das Gegenteil ist der Fall: Du siehst klarer und kannst bessere, weitsichtigere Entscheidungen treffen. Wenn du locker bleibst, verschwendest du keine Energie, sondern gewinnst an neuer Kraft, bist ausgeglichen, zentriert und ruhst in dir.

## Beschreibung und Deutung der Karte

Das Bild leuchtet in warmen, sommerlichen Farben. Der Engel tritt gelassen nach vorn und streut Rosen aus. Du kannst den wundervollen Duft der Blumen geradezu riechen. Der Engel lädt dich dazu ein, langsamer zu gehen, entspannt die Süße des Seins zu genießen und eine neue Leichtigkeit in dir zu entdecken.

## Fragen

- Befürchtest du, die Kontrolle zu verlieren, wenn du Aufgaben und Probleme entspannter angehen würdest?
- Wünschst du dir, gelassen bleiben zu können, auch wenn es um dich herum hektisch zugeht?
- In der Ruhe liegt die Kraft. Viele Wege führen zu mehr Gelassenheit: Meditation, Yoga, Atem- und Entspannungsübungen … Möchtest du etwas davon ausprobieren?

# Engel der Gotteskraft

Du bist verankert in der Kraft Gottes.

## Botschaft des Engels

Jeder Augenblick bietet dir die Möglichkeit, dein Leben zum Guten zu wenden, indem du dich in der Kraft Gottes verankerst und dich so auf dein wahres Ich besinnst. Dieses kennt weder Mangel, Leid, Zweifel, Angst noch Krankheit. Mit der Gotteskraft verbunden zu sein, bedeutet pures Glück, Vollkommenheit und absolute Heilung. Schließe für einen Moment die Augen, und spüre die Göttliche Kraft in dir. Halte diese Verbindung aufrecht, und nimm sie immer wieder auf, sobald du merkst, dass schwere, belastende Gedanken sie unterbrochen haben. Auf diese Weise wird jede Situation von Licht durchflutet und wendet sich zum Besten.

## Beschreibung und Deutung der Karte

Mit ausgebreiteten imposanten Flügeln steht der Engel auf einem Felsen. Seine selbstbewusste Haltung und die erhobenen Arme vermitteln die Botschaft: »Ich bin hier und werde nicht weichen!« Sein ganzes Wesen drückt aus, dass er sehr stark in der Kraft Gottes verankert ist. Wenn du dir ihrer bewusst bist und aus ihr schöpfst, wird die Göttliche Kraft stets mit dir sein. Du wirst standhaft bleiben und alle Hindernisse überwinden, die sich vor dir auftun.

## Fragen

- Verlierst du dich immer wieder in unguten Gedanken und fühlst dich von Gott verlassen?
- Hast du beobachtet, dass dir alles viel leichter fällt und die Dinge sich zum Guten wenden, wenn du voller Licht und Kraft bist, also aus der Göttlichen Quelle schöpfst? Und dass sich alles schwierig gestaltet, wenn du dich leer und traurig fühlst, also nicht aus der Göttlichen Quelle schöpfst?
- Versuchst du, generell ohne die Anbindung an die Gotteskraft voranzukommen?

## Engel der Vergebung

Öffne dein Herz durch Vergebung, und lasse Liebe hinein.

### Botschaft des Engels

Einst wurdest du verletzt und hast dein Herz verschlossen. Dadurch hast du jedoch den Zugang zu einem wichtigen Teil deines Selbst verloren. Dem Teil von dir, der es dir ermöglicht, anderen Menschen offen, liebevoll und voller Mitgefühl zu begegnen. Es ist Zeit, dass du dein Herz wieder öffnest, indem du demjenigen, der dir Schmerz bereitet hat, vergibst. So wirst du heil und ganz werden und dich wieder als lichtvolles, liebendes Wesen wahrnehmen. Und denke auch daran, dir selbst für die Dinge zu vergeben, die du aus Mangel an Kenntnis nicht anders tun konntest.

## Beschreibung und Deutung der Karte

Der Engel mit rosafarbenen Flügeln und einem sich einer Blüte gleich öffnenden Herzzentrum blickt dir direkt in die Augen und empfängt dich mit offenen Armen. Er strahlt Güte und Wohlwollen, gleichzeitig aber auch Stärke, Sicherheit und Stabilität aus. Der Engel möchte dich daran erinnern, dass du durch Vergebung zurück in deine Kraft kommst. Denn sobald du dein Herz wieder geöffnet hast, bist du sogleich auch mit der Göttlichen Quelle verbunden, durch die dir unerschöpfliche Energie zuströmt.

## Fragen

- Fällt es dir schwer, anderen und dir selbst zu vergeben?
- Würde es dir leichter fallen, zu verzeihen, wenn du wüsstest, dass du vor allem dir selbst damit Gutes tust?
- Stelle dir vor, wie es dir gehen würde, wenn du nicht mehr an altem Groll und Schmerz festhieltest, sondern von Liebe und Glück erfüllt auf deine Mitmenschen zugehen würdest. Spürst du, wie dein Herz sogleich freudig schneller schlägt?

# Engel der Herzensbegegnung

Die Liebe, die du im Außen suchst, findest du in dir.

## Botschaft der Engel

Sehnst du dich nach der wahren Liebe? Dann suche sie in dir selbst. Wenn du von der Göttlichen Kraft und Liebe durchströmt wirst, bist du von Glück und Seligkeit erfüllt. Dann ist es ganz gleich, ob du Zuneigung und Wertschätzung von außen erfährst. Sei Liebe, und du wirst dich niemals einsam fühlen. Wenn dir dann die Liebe im Außen begegnet, wirst du sie als zusätzlichen Segen erfahren.

## Beschreibung und Deutung der Karte

Das Engelpaar blickt sich liebevoll in die Augen. Der Mann streicht mit einer Hand sanft über die Wange der Frau. Aus der anderen Hand des Mannes strömt heilsames Licht, das sich zu einem strahlenden Herz formt, das ihn und seine Partnerin miteinander vereint. Die beiden sind ganz versunken in ihrem gemeinsamen Glück. Der Seelenpartner ist die Manifestation der Liebe, die man in sich selbst trägt. Wenn du diese Liebe lebst, erwartet dich eine tiefe Seelenbegegnung.

## Fragen

- Glaubst du, nur mit einem Partner an der Seite glücklich sein zu können?
- Was würde sich in dir verändern, wenn du, anstatt nach der Liebe im Außen zu suchen, diese in dir selbst finden würdest?
- Stelle dir vor, du wärst voller Liebe, Verständnis und Zugneigung für dich selbst und würdest dann dem oder der Richtigen begegnen. Wie sähe eure Beziehung aus?

## Die Engelsdimension

Frieden und Glückseligkeit kommen in dein Leben. Alles Schwere fällt von dir ab.

### Botschaft der Engel

Nimm das Erdendrama nicht so ernst, entfalte deine Flügel, und steige empor in die Himmelswelt. Willkommen im Reich des Friedens und der Seligkeit! Wir haben dich schon erwartet und empfangen dich offenen Herzens. Du schwingst bereits sehr oft im Einklang mit den höheren Sphären. Nun geht es darum, deine Energie dauerhaft in dieser Ebene zu verankern und beständig von hier aus zu wirken. Du weißt genau, was zu tun ist. Vertraue deiner Intuition, du wunderbares Lichtwesen.

## Beschreibung und Deutung der Karte

Auf der Treppe, die zu einem großen Lichttor führt, warten Engel und weitere himmlische Geschöpfe darauf, dich in ihrem Reich voller Frieden und Leichtigkeit begrüßen zu dürfen. Wenn du deine Energie der Engelsdimension angleichst, wirst du ein Teil von ihr. Du tauchst in diese lichtvollen Sphären ein und wirst von einem Beobachter zu einem Bewohner des Himmels. Von dieser Warte aus ist es dir möglich, die für dich optimalen Entscheidungen zu treffen.

## Fragen

- Bist du es leid, dass du immer wieder aus deinem seligen, wunderbaren Gefühl herausfällst? Und wünschst du dir, dass sich dieser himmlische innere Zustand stabilisiert?
- Bist du dir bewusst, dass du dich jederzeit in die himmlischen Dimensionen aufschwingen kannst?
- Was hält dich noch davon ab? Was musst du loslassen, um deine Flügel ausbreiten und abheben zu können?

## Engel der Hingabe

Gib dich ganz dem Göttlichen hin.

### Botschaft des Engels

Hingabe an Gott bedeutet, dass du an das ultimativ Gute glaubst, das Gute erwartest und dich nicht mehr sorgst. Lasse alle Anspannung und schweren Gedanken los, und deine Energie wird wieder frei fließen. So wirst du von Licht erfüllt und erkennst Möglichkeiten, wo du vorher Mangel gesehen hast. Deine Sorgen weichen einem tiefen Vertrauen darauf, dass alles gut werden wird. Erwarte Wunder, Segen und Glück!

## Beschreibung und Deutung der Karte

Mit hingebungsvoll ausgebreiteten Armen und vertrauensvoll geschlossenen Augen schwebt der Engel in der Luft. Er ist völlig entspannt, frei von Zweifel, Angst oder Traurigkeit, weil er sich von der Göttlichen Kraft geführt und sicher gehalten weiß. Der Engel lädt dich ein, es ihm gleichzutun: Gib dich Gott hin, lehne dich zurück, und erfahre pure Leichtigkeit.

## Fragen

- Fühlst du dich innerlich eng und angespannt?
- Stelle dir vor, dass du von der ultimativ guten Göttlichen Kraft gehalten und beschützt wirst. Fühlst du, wie es in dir weit wird, du auf einmal ganz ruhig und befreit atmen kannst?
- Angenommen, du könntest immer in diesem entspannten Zustand sein: Wie würdest du mit schwierigen Situationen umgehen, und wie würde dein Umfeld auf dich reagieren?

# Engel des lichten Weges

Gehe den lichtvollen Pfad zur höchsten Erfüllung.

## Botschaft der Engel

Auch wenn es manchmal nicht einfach ist, halte durch, und gehe deinen lichtvollen Weg unbeirrt weiter. Deine Ausdauer wird sich lohnen, denn schon bald wirst du einen großen Durchbruch erleben. Du gelangst an die Schwelle zu einer neuen Erfahrungsebene, die Schwere wird von dir abfallen, und eine nie gekannte Leichtigkeit wird in dir Einzug halten. Wir Engel versichern dir: Der lichtvolle Weg führt dich zur höchsten Erfüllung, nach der sich dein Herz so sehnt.

## Beschreibung und Deutung der Karte

Die Engel säumen deinen Weg und ermutigen dich mit einladenden Gesten, die restlichen Schritte bis ins Licht zu gehen. Über dem Weg fliegt eine Taube, die für die Erfüllung all deiner Hoffnungen steht. Im Hintergrund ragen blau schimmernde, mit Blumenranken geschmückte Säulen in den Himmel, die deine lichtvolle Zukunft symbolisieren. Gehe ihr entschlossen entgegen.

## Fragen

- Bleibst du auf deinem lichtvollen Weg, oder kommst du manchmal von ihm ab, weil du Spannung und Abenteuer suchst?
- Der letzte Abschnitt des Weges ist häufig der anstrengendste. Was könnte dich motivieren, deinem Weg treu zu bleiben?
- Was, glaubst du, erwartet dich, wenn du deinem Weg beständig folgst? Schließe die Augen, und visualisiere deine wunderbare Zukunft.

# Engel der liebevollen Führung

Liebevolle Engel beschützen und leiten dich.

## Botschaft des Engels

Auch wenn du dich manchmal allein, isoliert und unsicher fühlst, so wirst du doch stets von lichtvollen Kräften geleitet und unterstützt. Gefühle der Verlassenheit und des Getrenntseins sind vorübergehender Natur, denn ihnen liegt keine tiefere Wahrheit zugrunde. Wenn du innehältst und in dein Herz hineinspürst, kannst du die Präsenz der Engel deutlich wahrnehmen. Sie lieben dich bedingungslos und sind stets für dich da. Wenn du dieses Wissen verinnerlichst, wirst du des Segens und der Unterstützung der Engel immer gewahr sein.

## Beschreibung und Deutung der Karte

Der Engel breitet seine Flügel schützend über einem jungen Mann aus. Dessen Schritte wirken etwas unsicher, aber sein Herz weiß um die himmlische Führung und den Schutz, wodurch es hell erstrahlt. Die beiden Tauben sind Glücksboten und stehen zudem für Zuversicht und Treue. Das große, rote Herz, das über allen schwebt, symbolisiert die Liebe Gottes. Selbst wenn du dich zeitweilig unsicher fühlst, sei dir gewiss, dass du jederzeit unter Göttlichem Schutz stehst.

## Fragen

- Fühlst du dich manchmal einsam, verlassen und unsicher?
- Kannst du dir vorstellen, dass es lichtvolle Wesen gibt, deren Herzensanliegen es ist, dir auf deinem Weg beizustehen?
- Schließe für einen Moment die Augen, und spüre in dein Herz hinein. Kannst du wahrnehmen, wie sich die weichen Flügel deines Schutzengels sanft um dich herumlegen?

## Engel der Hoffnung

Sei voller Hoffnung, und erwarte NUR Gutes.

### Botschaft des Engels

Sei voller Hoffnung, denn dadurch zieht das Glück in dein Leben ein. Tanze vergnügt, und blicke voller Optimismus in die Zukunft. Selbst wenn du gerade in Schwierigkeiten steckst, gibt es keinen Grund, zu verzweifeln. Alles wendet sich zum Guten, wenn du das Gute erwartest. Denn dann bist du mit deinem authentischen, wahren Selbst verbunden, deinem inneren Licht, das das Glück anzieht wie ein Magnet. Du gibst dich also keinen Illusionen hin, wenn du trotz Problemen frohen Mutes bist. Im Gegenteil: Sich Sorgen zu machen, ist verschwendete Energie!

## Beschreibung und Deutung der Karte

Der Engel tanzt glückselig unter einem Regenbogen, der goldenen Kelchen entspringt. Hoffnungsvoll blickt der Engel zum Regenbogen empor, während Lichtfunken aus seinen Händen sprühen. Das Bild strahlt pures Glück und reine Lebensfreude aus. Dein ganzes Wesen wird mit neuer, frischer Energie erfüllt, wenn du hoffnungsvoll nach vorn schaust.

## Fragen

- Fällt es dir in deiner aktuellen Lage schwer, hoffnungsvoll zu bleiben?
- Erinnere dich an eine Situation, die sich zum Guten gewendet hat, obwohl du die Hoffnung schon fast verloren hattest. Warum sollte das nicht wieder geschehen?
- Denke an einen Bereich deines Lebens, in dem du voller Zweifel bist. Tausche in deiner Vorstellung die Zweifel gegen Hoffnung, Enthusiasmus und Vorfreude aus. Fühlst du, wie neue Energie deinen ganzen Körper durchströmt?

# Engel der Hochsensibilität

Deine Hochsensibilität ist ein Geschenk.

## Botschaft des Engels

Deine Hochsensibilität ermöglicht es dir, sehr tief und intensiv zu fühlen. Versuche nicht, diese Gabe zu verbergen oder zu unterdrücken, weil andere Menschen sie nicht verstehen. Erkenne deine feinen Sinne als das Geschenk an, das sie sind. Nutze sie, um alles in der Tiefe zu durchdringen und das Leben in seiner Vielfalt zu genießen. Achte auf deine Grenzen und Bedürfnisse, auch wenn sie anderen zuweilen übertrieben vorkommen. Ziehe dich regelmäßig vom Trubel zurück, und tanke in der Stille neue Kraft.

## Beschreibung und Deutung der Karte

Der Engel spaziert andächtig lächelnd über ein Feld. Sanft und voller segnender Energie streicht er über das hoch stehende Gras. Hochsensibilität geht häufig einher mit erwachten heilerischen und segnenden Fähigkeiten. Die tiefe Verbundenheit des Engels mit der ihn umgebenden Natur ist deutlich spürbar. Mehr zu fühlen, kann mitunter anstrengend sein. Erinnere dich in solchen Momenten daran, dass du aufgrund deiner Hochsensibilität aber auch in der Lage bist, Liebe, Freude und Glück ganz intensiv zu erleben. Das hilft dir dabei, deine Feinfühligkeit als Gabe zu erkennen und anzunehmen.

## Fragen

- Versuchst du manchmal, deine feinen Empfindungen zu unterdrücken, weil du meinst, sie würden dich zu verletzbar machen?
- Bis du dir bewusst, dass dir deine Feinfühligkeit ganz deutlich signalisiert, was gut und was schädlich für dich ist?
- Wie würde es sich für dich anfühlen, wenn du deine Hochsensibilität vollkommen annehmen, gleichzeitig aber auch deine Grenzen erkennen und auf sie achten würdest?

## Engel des Gebets

Verbinde dich im Gebet
mit der Göttlichen Kraft
und Weisheit.

### Botschaft des Engels

Gott ist die alles durchdringende, ultimative Kraft und weiß um jedes Wort, das du sprichst, und um jeden Gedanken, den du denkst. Gott will für dich Fülle, Liebe und Wohlergehen – und zwar auf allen Ebenen, inklusive der materiellen. Gott hilft dir bereits, die Hindernisse auf deinem Weg zu beseitigen, damit du in höchstem Glück leben kannst. Im Gebet verstärkt sich die Gottesenergie und lässt die Hindernisse schneller schmelzen. Deshalb bete zu Gott, aber NICHT wie ein Bettler, sondern wie ein Kind des Lichts, das sich absolut sicher ist, dass Gott, der es erschaffen hat, ihm das höchste, uneingeschränkte Glück geben will.

## Beschreibung und Deutung der Karte

Der Engel ist tief im Gebet versunken. Sobald du dich im Gebet intensiv mit Gott verbindest, strahlen dein Herz und dein Kronenchakra am Kopf hell auf. Damit dein Gebet höchst wirkungsvoll ist, sich also erfüllt, worum du bittest, lasse alle Zweifel los, und erlaube der Göttlichen Kraft und Liebe, dich ganz zu erfüllen.

## Fragen

- Zweifelst du manchmal daran, dass es eine höhere Macht gibt, die dich liebt und leitet?
- Kannst du so beten, dass du fest an die Erfüllung des Gebets glaubst und die Freude über das Ergebnis schon jetzt fühlst? (So hat dein Gebet die größte Wirkung.)
- Was sagen dir die folgenden Sätze? »Der Glaube versetzt Berge.« – »Dein Glaube hat dich geheilt.« – »Wenn du an deine Träume glaubst, wirst du sie auch erreichen.«

## Engel der Intuition

Höre auf deine innere Stimme. Sie führt dich stets auf den richtigen Weg.

### Botschaft des Engels

Hast du eine Frage? Dann gehe in dich, lausche in dich hinein, denn tief in dir kennst du die Antwort bereits. Es ist Zeit, dass du auf deine innere Stimme hörst, denn sie offenbart dir die Wahrheit. Wenn du deiner Intuition folgst, schlägst du stets den für dich richtigen Weg ein, bleibst authentisch und dir selbst treu. Ein Gefühl von Leichtigkeit durchströmt dann deinen ganzen Körper, macht dein Herz weit und deinen Geist klar.

## Beschreibung und Deutung der Karte

Der Engel blickt dir tief in die Augen, und es ist, als würde er dir direkt in die Seele schauen, dich von Grund auf kennen. Die weiße Blume in seiner Hand steht für die Wahrheit des Herzens. Indem er sie dir reicht, lädt er dich dazu ein, deiner Intuition zu folgen und ein authentisches, selbstbestimmtes Leben zu führen.

## Fragen

- Fällt es dir schwer, Entscheidungen zu treffen, und lässt du dich leicht von der Meinung anderer beeinflussen?
- Bist du schon einmal dem Ratschlag eines anderen Menschen gefolgt, obwohl du ein ungutes Gefühl dabei hattest, und hast es danach bereut?
- Stelle dir vor, du könntest deiner Intuition wie einem inneren Kompass folgen, der dir stets den für dich richtigen Weg aufzeigt. Wie fühlt sich das an? Wird es dir ganz leicht ums Herz?

## Engel der Heilung

Der heilende Energiestrom flutet dein ganzes Sein. Heilung geschieht jetzt.

### Botschaft des Engels

Wo Glaube ist, ist Hoffnung, und wo Hoffnung ist, geschehen Wunder. Daher richte dich innerlich und äußerlich auf, und schaue voller Vertrauen und Zuversicht nach vorn. Sorge dafür, dass dein Körper ausreichend frische Luft in der Natur bekommt und dass dein Geist mit guter Energie in Form von lichten, hoffnungsvollen Gedanken versorgt wird. Werde vor allem der ultimativen Quelle aller Heilung, Gott, gewahr, die dir innewohnt.

## Beschreibung und Deutung der Karte

Der Engel erstrahlt in hellem Licht. In seiner Hand hält er seinen Heilerstab. Bereits durch das bloße Betrachten des Bildes wird deine Energie angehoben und dein Geist erfrischt. Niedergeschlagenheit und Traurigkeit werden wie dunkle Wolken hinweggefegt und machen Platz für freudvolle und optimistische Gedanken. Der Engel erinnert dich daran, dich körperlich und geistig aufzurichten, damit heilsame Energie dich von Kopf bis Fuß durchströmen kann.

## Fragen

- Lässt du den Kopf hängen, weil du krank bist, du vielleicht sogar die Hoffnung auf Heilung aufgegeben hast?
- Ist dir bewusst, dass dunkle Gedanken und schwere Gefühle deine Gesundung behindern?
- Was kannst du tun, um deine Heilkräfte zu aktivieren? Ob du dich in eine Decke einkuschelst und eine Tasse deines Lieblingstees trinkst, ein gutes Buch liest oder einen Spaziergang unternimmst – dir fällt sicher etwas ein, wodurch du dich besser fühlst und dich so bereits auf Heilung ausrichtest.

## Engel der Balance

Lasse deine aktiven und passiven Energien ins Gleichgewicht kommen.

### Botschaft des Engels

In dir wirken aktive und passive Kräfte. Wenn du die einen zu viel und die anderen zu wenig lebst, führt das langfristig zu Disharmonie, Unausgeglichenheit und Unzufriedenheit. Du brauchst beides gleichermaßen: Aktion und Ruhe, Kopf und Herz, Standfestigkeit und Flexibilität. Es ist Zeit, dein Leben in die Balance zu bringen, denn mit nur einem Flügel kannst du nicht fliegen. Daher breite beide Schwingen aus, und genieße die Leichtigkeit, mit der du dich in die Lüfte erhebst.

## Beschreibung und Deutung der Karte

Der Engel hält einen Hermesstab in den Händen. Die zwei sich um den Stab windenden Schlangen stehen für die beiden Grundkräfte, die im gesamten Universum und somit auch in dir wirken: die männliche, aktive Plus- und die weibliche, passive Minusenergie. Sind die polaren Kräfte in dir im vollkommenen Gleichgewicht, dann steigen sie die Wirbelsäule entlang nach oben bis zum Kopf, wodurch dein Bewusstsein mit der Göttlichen Kraft verschmilzt und du vollständig, ganz und heil wirst.

## Fragen

- Welche Grundenergie lebst du mehr: die aktive oder die passive? Bist du also eher rational und kontrolliert oder eher emotional und entspannt?
- Was könntest du tun, um die andere Energie in dir anzuregen?
- Stelle dir vor, dass du dich körperlich, emotional und mental bereits in der perfekten Balance befindest. Welche Auswirkungen hat das auf deine Gesundheit, deine Beziehungen und deinen Beruf?

## Engel der Fürsorge

Durch liebevolle Fürsorge erschaffst du einen Raum voller Wärme für dich und andere.

### Botschaft des Engels

Wenn du deine Seele vernachlässigst, um möglichst effizient zu funktionieren, führt das auf Dauer zu innerer Kälte. Das ganze Leben erscheint dir trostlos und grau. Daher sorge gut für dich, und schenke dir selbst die Liebe und die Geborgenheit, nach denen du dich sehnst. Das bringt deine Seele zum Leuchten und erzeugt eine Wärme in deinem Herzen, die du auch anderen zukommen lassen kannst.

## Beschreibung und Deutung der Karte

Inmitten einer paradiesischen Landschaft drückt der strahlende Engel seine Wange zärtlich an den Kopf eines kleinen Mädchens und umhüllt es mit seiner mütterlichen, fürsorglichen Energie. Dadurch öffnet sich über dem Kopf des Engels eine große Lotosblüte, und das innere Licht des Mädchens erstrahlt im Außen. Das Kind sieht dir glücklich in die Augen und lädt dich ein, dir selbst und anderen die Fürsorge zu schenken, die es braucht, um ein Miteinander voller Liebe, Wärme, Geduld, Nachsicht und Güte zu erzeugen.

## Fragen

- Kannst du dich selbst und andere mit den Augen einer liebe- und verständnisvollen Mutter betrachten?
- Was brauchst du, um noch besser für dich und andere sorgen zu können?
- Wie würde die Welt aussehen, wenn sich jeder Mensch fürsorglich um sich selbst und andere kümmern würde?

## Engel der kindlichen Freude

Sei fröhlich und sorglos wie ein Kind.

### Botschaft des Engels

Die Lösung liegt niemals auf der Ebene der Sorgen. Deshalb lade die reine Freude in dein Leben ein, indem du das Kind in dir in den Vordergrund treten lässt. Betrachte die Welt mit seinen Augen: sorgenfrei, neugierig und staunend – so, als würdest du sie zum ersten Mal in aller ihrer Buntheit und Vielfalt sehen. Es muss sich nicht erst etwas im Außen zum Guten wandeln, damit du Grund zum Jubeln hast. Erfreue dich einfach an deinem Sein, denn in deiner Essenz bist du die pure Freude. Sie ist deine wahre Natur. Lasse sie zum Ausdruck kommen.

## Beschreibung und Deutung der Karte

Inmitten eines Blütenmeeres und umgeben von Lämmern und Eichhörnchen halten sich drei Kinder an den Händen und wirbeln fröhlich und ausgelassen im Kreis. Drei Engel beschützen und segnen sie. Diese Karte möchte dich an die ausgelassenen und sorgenfreien Momente aus deiner Kindheit erinnern, damit du wieder den Zugang zu deiner kindlichen Freude bekommst. Lasse sie aus dir heraussprudeln und sich in dein Leben ergießen.

## Fragen

- Wünschst du dir, dein Leben unbeschwerter genießen zu können?
- Die besten Ideen kommen zu dir, wenn du fröhlich und unbeschwert bist. Deshalb frage dich: Welche regelmäßigen spielerischen und fröhlichen Aktivitäten können dich deine Sorgen und Ängste vergessen lassen?
- Kannst du dich als Erwachsener auf das Spielen mit Kindern einlassen, um von ihnen inspiriert zu werden?

## Engel der Sanftheit

Sei sanft.
Die innere Härte löst
sich dadurch auf.

### Botschaft des Engels

Härte und Unnachgiebigkeit sowie Emotionen wie Wut und Ärger lassen dich innerlich verkrampfen und rauben dir die Hoffnung, weil sie dich nur noch Probleme statt Lösungen sehen lassen. Schließe die Augen, atme tief durch, und finde in dir den Raum, in dem Stille und Frieden herrschen. Tauche in diesen Raum ein, und fühle, wie du innerlich ganz ruhig, weich und sanft wirst. Lasse diese Sanftheit in dein Herz fließen. Spüre, wie dieses sich öffnet, sich deine innere Anspannung und Härte auflösen und neue Zuversicht und Gelassenheit in dich einkehren. Lächle sanft, und sei gewiss, dass sich alles zum Guten wenden wird.

## Beschreibung und Deutung der Karte

In einer wunderschönen Landschaft lauscht der Engel dem lieblichen Gesang eines Vogels, der sich auf seinem Finger niedergelassen hat. Sein Blick ruht liebevoll auf dem gefiederten Sänger. Tauche ganz in die friedliche Atmosphäre des Bildes ein, und fühle dich dazu eingeladen, deine sanfte Seite wiederzuentdecken. Dadurch lösen sich deine inneren Verhärtungen auf. Alles um dich herum erscheint dir freundlicher und lichtvoller, und du kannst voller Hoffnung in die Zukunft blicken.

## Fragen

- Setzt du Sanftheit mit Schwäche gleich?
- Fühlst du, wie du dich angesichts deiner aktuellen Situation verkrampfst, wenn du sie mit hartem, unnachgiebigem Blick betrachtest? Erscheint sie dir ausweglos?
- Kannst du dir erlauben, deine sanfte Seite mehr zum Vorschein zu bringen, um dadurch neue Hoffnung und Zuversicht in dir entstehen zu lassen?

# Engel des Heiligen Geistes

Der Heilige Geist ergießt sich aus dir.

## Botschaft der Engel

Es ist Zeit, dass du dir der untrennbaren Verbindung zu Gott vollkommen bewusst wirst und so das Lichtwesen, das du in Wahrheit bist, erweckst. Gehe in die Stille deines Herzens, indem du deinen Fokus von außen nach innen richtest, und spüre, wie sich dein Geist in die Lüfte erhebt und in himmlische, lichtvolle Gefilde eintaucht. Bist du im Kontakt mit der Göttlichen Kraft, ist die Basis gelegt, auf der dein Leben erblühen und gedeihen kann. Das Licht des Heiligen Geistes strömt aus dir und ergießt sich über alles, womit du in Berührung kommst. Du musst dich dann um nichts mehr sorgen, denn alles wird sich auf wundervolle Weise richten. Deine Beziehungen, deine

Mitmenschen, deine ganze Umgebung – alles wird gesegnet sein.

## Beschreibung und Deutung der Karte

Zwei Engel sind in strahlendes Licht getaucht. Ihr Blick ist nach oben gerichtet, zu den himmlischen Sphären. Die kraftvolle Energie, die sie aussenden, bringt alles um sie herum zum Erblühen und nährt auch die Vögel und ein Reh, die wie magisch davon angezogen werden. So viel Vitalität und freudige Erwartung liegen in der Luft! Es bahnt sich etwas Wunderbares an. Die Karte lädt dich ein, das Lichtwesen in dir zu erwecken, um dadurch großen Segen anzuziehen.

## Fragen

- Lässt du dich leicht von weltlichen Dingen ablenken und vergisst, den Kontakt zu Gott zu pflegen?
- Bist du gewahr, dass in dir ein Lichtwesen schlummert, das nur darauf wartet, erweckt zu werden?
- Sobald sich der Heilige Geist aus dir verströmt, hat jedes deiner Gebete, jede deiner Absichten und jedes deiner Worte große, heilende Kraft. Welche Auswirkungen hat das auf deine Partnerschaft, deine Familie, deinen Beruf …?

## Engel des Weitblicks

Schaue weit, und erkenne das große Ganze.

### Botschaft des Engels

Verliere dich nicht in Nebensächlichkeiten und Details, denn das kostet dich viel Energie. Verschaffe dir stattdessen einen Überblick, indem du etwas auf Abstand gehst. Erkenne auf diese Weise, was wirklich wichtig und wesentlich ist. So ergeben plötzlich die scheinbar unzusammenhängenden Fragmente wie Puzzleteile ein vollständiges Bild. Durch die weite Sicht wirst du ruhiger und gelassener, weil du realisierst, dass es viel mehr Wege und Möglichkeiten gibt, als du bisher glaubtest.

## Beschreibung und Deutung der Karte

Der Blick des Engels ist in die Ferne gerichtet. Ihm gegenüber steht ein Pfau. Wenn der Pfau sein Rad schlägt, dann ist es, als würden einen hundert Augen ansehen, denen nichts entgeht und die alles überblicken. Daher wird das Tier unter anderem auch mit Weitblick und Weisheit assoziiert. Die Karte lädt dich ein, diese Qualitäten in dein Leben zu bringen.

## Fragen

- Verschwendest du viel Energie, indem du dich in Kleinigkeiten verzettelst?
- Wünschst du dir, den Überblick zu bewahren, um kluge, weitsichtige Entscheidungen treffen zu können?
- Begib dich an einen erhöhten Punkt in deiner Umgebung. Das kann ein Hügel, ein Balkon oder auch nur ein Stuhl sein, auf den du dich stellst. Wie fühlt es sich an, die Dinge von oben und mit etwas Abstand zu betrachten?

## Engel der höchsten Glücksverwirklichung

Du verdienst das Beste. Höchstes Glück ist dein Urzustand.

### Botschaft der Engel

Vertraue darauf, dass du alles erreichen kannst, was du dir wünschst. Lasse dich von nichts und niemandem bei der Verwirklichung deiner Träume ausbremsen, denn die Entfaltung deines höchsten Glückspotenzials ist dein Geburtsrecht. Nach den Sternen zu greifen, bedeutet nicht, dass du abhebst und den Boden unter den Füßen verlierst. Du kannst gleichzeitig in der Erde verwurzelt und mit dem Himmel verbunden sein. Du musst nur die innere Ausdehnung willkommen heißen. Sei dir gewiss: Das höchste Glück wartet auf dich!

## Beschreibung und Deutung der Karte

Zwei Engel wandern einen zauberhaften Meeresstrand entlang. Sie haben die Augen geschlossen und ruhen ganz in sich selbst, denn sie sind sich ihrer inneren Führung gewiss. Das Bild strahlt Vertrauen, Zuversicht und tiefe Glückseligkeit aus. Tauche darin ein, und lasse Selbstzweifel und Mangeldenken sich wie Nebelschwaden auflösen. Werde gewahr, dass du ein Göttliches Wesen bist, das das höchste Glück verdient hat.

## Fragen

- Gibst du dich zu schnell zufrieden, weil du meinst, nichts Besseres verdient zu haben?
- Erinnere dich an deine Träume, die du einst begraben hast, weil du glaubtest, dass sie sich nicht realisieren ließen. Welchen Schritt könntest du nun unternehmen, um ihnen wieder Leben einzuhauchen?
- Stelle dir vor, dass sich deine Vision eines von höchstem Glück erfüllten Lebens bereits erfüllt hat. Wie fühlt sich das an? Merkst du, wie sich deine Energie anhebt und du dich innerlich ausdehnst?

# Engel der himmlischen Nahrung

Nimm lichtvolle, nährende Energie in dich auf.

## Botschaft des Engels

Achte darauf, welchen Einflüssen du dich aussetzt, denn ein Übermaß an dichter, schwerer Energie lässt dich schnell ermüden und lustlos werden. Nimm in jeder Hinsicht, also physisch, emotional, mental und spirituell, lichtvolle, hoch schwingende Nahrung zu dir. Auf diese Weise reinigst du deinen Körper, harmonisierst deine Gefühle, klärst deinen Geist und verbindest dich mit dem Göttlichen.

## Beschreibung und Deutung der Karte

Im Grünen nährt der Engel einen Schwan mit himmlischer Nahrung. Von frischer Lebenskraft erfüllt, erhebt dieser freudig seine Schwingen. Die Karte fordert dich auf, dich umfassend gut um dich zu kümmern. Gehe an die frische Luft, und versorge deinen physischen Körper mit guten Lebensmitteln und reinem Wasser. Auf emotionaler Ebene nähren dich Liebe und Harmonie. Deinen Mentalkörper kannst du mit optimistischen Gedanken stärken. Und den spirituellen Aspekt deines Wesens nährst du, indem du betest, meditierst und in die Stille der Natur eintauchst.

## Fragen

- Wo fehlt es dir an Energie: auf physischer, mentaler, emotionaler oder spiritueller Ebene?
- Was kannst du tun, um dich mit der Energie zu versorgen, die du brauchst? Wie könnte es dir gelingen, dabei freudvoll und motiviert zu bleiben?
- Schließe für einen Moment die Augen, und stelle dir vor, dass du bereits auf allen Ebenen »satt« bist. Wie fühlt sich dieser Zustand an?

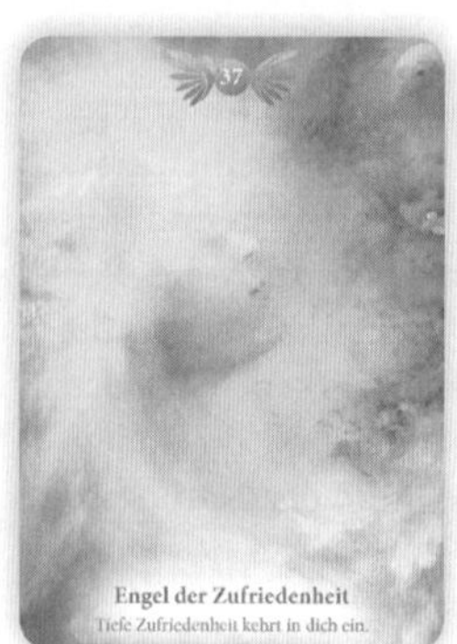

# Engel der Zufriedenheit

Tiefe Zufriedenheit kehrt in dich ein.

## Botschaft des Engels

Tiefer Frieden kehrt in dich ein, wenn du erkennst, dass du in deiner Essenz bereits vollkommen bist, es immer schon warst und es immer sein wirst. Verbinde dich mit deinem strahlenden Göttlichen Kern, der Quelle vollkommener Zufriedenheit. Ganz gleich, welche Erfahrungen du dann in der Welt machst, in dir herrscht auf ewig Sommer, dem die Kälte, die Kargheit und die Stürme der äußeren Welt nichts anhaben können.

## Beschreibung und Deutung der Karte

Der Engel ruht vollkommen in sich. Mit geschlossenen Augen genießt er hingebungsvoll sein eigenes Licht, die Quelle seiner Zufriedenheit. Die ihn umgebende sommerliche Fülle spiegelt sein Inneres wider. Tauche auch du in deine innere Quelle der Zufriedenheit ein, und die äußeren Begebenheiten verlieren ihre Dramatik.

## Fragen

- Bist du der Meinung, dass sich in deinem Leben noch viel ändern muss, damit du zufrieden sein kannst? Machst du dein Glück von anderen Menschen und äußeren Umständen abhängig?
- Hole dir drei Dinge ins Bewusstsein, die dich eigentlich sehr zufrieden stimmen, die du aber leicht übersiehst. Wie fühlt es sich an, wenn du sie würdigst und wertschätzt? Stellt sich sogleich ein Gefühl der Zufriedenheit in dir ein?
- Kannst du dich an Zeiten in deinem Leben erinnern, in denen es scheinbar viele Gründe gab, dich zu sorgen, du aber dennoch ganz in dir geruht hast?

# Engel der Leichtigkeit

Entscheide dich für die Leichtigkeit, denn mit ihr gelingt dir alles besser.

## Botschaft der Engel

Wenn du dich leicht fühlst, scheint die Welt in Ordnung zu sein, und du möchtest am liebsten alles und jeden umarmen. Das sind klare Hinweise darauf, dass du aus der Göttlichen Quelle schöpfst. Wenn du dich niedergeschlagen und kraftlos fühlst und dir alles anstrengend erscheint, dann blicke dich um, und entdecke die vielen kleinen und großen Dinge, die voller Leichtigkeit sind und nur darauf warten, dass du sie in dein Leben und in dein Herz hineinlässt. Es gibt so viele Gründe, dich zu freuen. Halte Ausschau nach ihnen. Lasse dich von anderen Menschen nicht runterziehen, sondern bleibe stets bewusst in der Leichtigkeit. Du kannst dich jederzeit für sie entscheiden, denn

Leichtigkeit ist Teil deines authentischen, ursprünglichen Wesens. Lasse dich von ihr emporheben, staune über die Flügel, die dir wachsen, und darüber, wie einfach plötzlich alles wird.

## Beschreibung und Deutung der Karte

Von Leichtigkeit und Unbeschwertheit getragen, fliegen die beiden Engel gen Himmel. Das aus ihrem Herzen fließende Licht vereinigt sich zu einer Lichtsäule. Orange- und Gelbtöne dominieren das Bild. Es sind die Farben der Freude und des Genusses. Die Sphäre der Leichtigkeit birgt jede Menge Vergnügen. Tauche in sie ein, und lasse dein Leben zu einem einzigen Fest werden.

## Fragen

- Wünschst du dir mehr Leichtigkeit in deinem Leben?
- Kannst du deine Zuversicht auch dann bewahren, wenn sich die Menschen in deiner Umgebung in einer bedrückenden, niedrig schwingenden Energie befinden?
- Ist dir bewusst, dass du durch deine Heiterkeit und deinen Optimismus anderen hilfst, das Leben nicht so schwer zu nehmen?

## Engel der Güte

Sei hilfsbereit und voller gütiger Milde.

### Botschaft des Engels

Sei gütig dir selbst und anderen gegenüber. Deine Freundlichkeit, dein Wohlwollen und deine Nachsicht sind unendlich wertvoll, und sie werden gebraucht. Deine Güte und Hilfsbereitschaft können sich auf unterschiedliche Weise ausdrücken. Sie können geistiger, emotionaler oder praktischer Natur sein. Reiche dir selbst die Hand, und schaue auch, wer sie sonst noch braucht. Sei großzügig, und lasse die Energie der Fülle und des Wohlergehens fließen. Arbeite mit der Energie der Güte, die dir zurzeit zur Verfügung steht, auch wenn es vielleicht wenig ist. Sie vermehrt sich, wenn du sie in Umlauf bringst.

## Beschreibung und Deutung der Karte

Der gütige Blick des Engels ruht auf einer Taube, die er behutsam in den Händen hält. Die Atmosphäre ist voller Wärme und Frieden. Tauche ganz in die empfindsame Yin-Energie des Bildes ein, und sei dir gewiss: Wenn wir uns selbst oder jemand anderen liebevoll umsorgen, wir Güte und Nachsicht walten lassen, dann bringen wir mehr Licht und Frieden in die Welt. Es macht dann viel mehr Freude, darin zu leben. Sich umeinander zu kümmern, erzeugt Verbindung und das Gefühl von Geborgenheit, Frieden und Sicherheit.

## Fragen

- Fällt es dir schwer, dir selbst oder anderen gegenüber gütig und liebevoll zu sein?
- Erinnere dich an eine Situation, in der du Hilfe gebraucht hast und ein Mensch dir gegenüber sehr gütig gewesen ist. Wie hat sich das angefühlt?
- Gibt es jemanden in deinem Umfeld, der deine Hilfe gerade gut gebrauchen könnte?

## Engel der Verkündigung

Wunder manifestieren sich in deinem Leben.

### Botschaft des Engels

Ich verkünde dir eine frohe Botschaft: Du darfst die Angelegenheit, in die du bereits all deine Kraft investiert und für die du alles in deiner Macht Stehende getan hast, ganz in die Hände Gottes legen. Höhere Mächte werden sich nun ihrer annehmen. Verschwende keine Energie mehr für Sorgen, Ängste und Zweifel. Lebe so, dass du dir keine sorgenvollen Gedanken mehr über deine Bedürfnisse machst. Schwanke nicht mehr zwischen Hoffnung und Verzweiflung hin und her. Denke nicht mehr ängstlich und verzweifelt über deine schwierige Situation nach. Halte dir von nun an stets deine Vision vor Augen. Alles wird sich zu deinem Besten wenden. Erwarte Wunder!

## Beschreibung und Deutung der Karte

Mit geschlossenen Augen und gefalteten Händen schwebt der Engel über einer grünen Landschaft. Von seiner Botschaft für dich zutiefst beseelt, strahlt er Optimismus und Überzeugung aus. Nimm seine Worte in dich auf, und lasse zu, dass sie dich mit neuer Hoffnung durchfluten. Wenn du fest und unerschütterlich an die himmlische Botschaft glaubst, wird die alles durchdringende Göttliche Kraft von nun an für dich wirken. Dann befindest du dich im Schwingungsfeld des hochsten Himmelreichs, und Wunder manifestieren sich in deinem Leben.

## Fragen

- Hast du alles in deiner Macht Stehende getan, um dein Ziel zu erreichen oder ein Problem zu lösen, aber es will dir einfach nicht gelingen?
- Wie würde es sich für dich anfühlen, wenn du dein Sorgenpaket an Gott weiterreichen würdest, ganz in dem Wissen, dass Gott nur darauf wartet, dass du es endlich abgibst?
- Sich Sorgen zu machen, ist verschwendete Energie. Wie könntest du besseren Gebrauch von deiner kostbaren Energie machen?

## Engel der Segnung

Du bist gesegnet,
in welcher Situation
du dich auch gerade
befinden magst.

### Botschaft des Engels

Himmlischer Lichtregen ergießt sich über dich. Wo auch immer du in deinem Leben stehst, sei dir gewiss, dass du stets gesegnet bist. Selbst wenn du dich gerade in einer schwierigen oder gar aussichtslos erscheinenden Situation befindest, liegt in dieser ein großer Segen. Wahrscheinlich erkennst du ihn noch nicht, aber er wird sich dir offenbaren. Alles, was du erlebst, jede Hürde, die sich vor dir auftut, dient deiner Erkenntnis und deinem Wachstum. Alles wird gut. Atme tief durch, du wirst unendlich geliebt, die Göttliche Kraft verströmt sich großzügig.

## Beschreibung und Deutung der Karte

Der Engel ist durch ein goldenes Tor aus den lichtvollen himmlischen Sphären zur Erde herabgestiegen, um dich und dein Leben zu segnen. Aus einer Hand lässt er den glitzernden Segen auf dich herabregnen, während die andere auf seinem Herzen ruht. Seine Augen sind geschlossen, aber sein Drittes Auge leuchtet hell. Mit diesem schaut er dir direkt in die Seele. Der Engel sieht in dir ein vollkommenes Göttliches Wesen, und seine grenzen- und bedingungslose Liebe für dich ist deutlich spürbar.

## Fragen

- Kannst du dir vorstellen, dass der Segen der himmlischen Welt ununterbrochen ausgeteilt wird und dass du nur zuweilen nicht im Empfangsmodus bist und deshalb meinst, es gäbe keinen Segen für dich?
- Kannst du die Augen für einen Moment schließen und dich bewusst für den himmlischen Segen öffnen, also in den Empfangsmodus gehen? Sage laut: »Ich bin bereit, den himmlischen Segen zu erhalten. Ich empfange ihn mit offenen Armen.«
- Erinnere dich an eine Situation, die dir damals viel Kummer bereitet hat, die sich jedoch im Nachhinein als wichtige Lektion entpuppte. Erkennst du den Segen, der dir zuteilwurde?

# Engel der Meditation

In der Meditation findest du zu innerer Ruhe.

## Botschaft des Engels

Wenn Sorgen und Grübeleien dich quälen, ist es Zeit, die Ebenen zu wechseln. Mithilfe der Meditation kannst du aus dem Gedankenkarussell aussteigen und deinen inneren Raum der Stille betreten. Hier wird dein Geist von allem Schweren befreit und dein Herz von neuer Kraft erfüllt. Wenn du deinen inneren Rückzugsort wieder verlässt, wirst du dich nicht nur erfrischt und regeneriert fühlen, sondern kannst auch bessere Entscheidungen treffen.

## Beschreibung und Deutung der Karte

Tief in die Meditation versunken, lächelt der Engel ganz selig. Aus seinen zu Mudras geformten Händen fließt Licht, und auch der Kopf wird von lichtvoller Energie durchströmt. In der Mitte seiner Brust erblüht eine wunderschöne, strahlende Blume, deren rosenbesetzte Zweige von weißen Tauben gehalten werden. Wenn du deinen Fokus nach innen richtest und deine Gedanken zur Ruhe kommen, öffnest du dich der Göttlichen Kraft. Du erblühst zu vollem Leben, dehnst dich immer weiter aus und fühlst dich dem Himmel ganz nah.

## Fragen

- Lassen dich deine Sorgen und Probleme oft nicht zur Ruhe kommen?
- Gefällt dir die Vorstellung, dass es in dir einen Raum gibt, in den du dich jederzeit zurückziehen kannst, um Klarheit zu erlangen und frische Energie zu tanken?
- Es ist immer möglich, zumindest ein paar Minuten täglich für die Meditation aufzubringen. Optimal wäre morgens kurz nach dem Aufstehen und abends vor dem Zubettgehen, aber jede andere Zeit eignet sich auch dafür. Wann würdest du dir gern Zeit dafür nehmen?

# Engel der Inkarnation

Jede Inkarnation führt dich näher zu deinem wahren Selbst.

## Botschaft des Engels

Du bist das Göttliche, das als Mensch geboren wurde, um weltliche Erfahrungen zu machen. Jede Inkarnation lässt dich wachsen und bringt dich deinem wahren Ursprung wieder näher. Erinnere dich daran, dass du hier bist, um dein Licht erstrahlen zu lassen und dadurch das Paradies auf Erden zu erschaffen. Deine Hülle ist zwar menschlich, aber in deiner Essenz bist du göttlich. Werde deiner Göttlichen Herkunft gewahr, und alles Schwere wird von dir abfallen.

## Beschreibung und Deutung der Karte

Der Engel sieht dich voller Mitgefühl an. Mit der einen Hand weist er auf die über ihm fliegenden goldenen Tauben. Von der anderen Hand erhebt sich eine Taube, deren Gefieder halb weiß und halb golden ist. Wie diese Taube bist du einst aus der himmlischen in die materielle Sphäre herabgestiegen, um dich durch diese Erfahrung weiterzuentwickeln. Dabei hast du jedoch deinen wahren Ursprung vergessen und bist so einige Zeit voller Zweifel auf Erden umhergeirrt. Jetzt ist es Zeit, dich wieder daran zu erinnern, dass du aus dem goldenen Gottesreich stammst.

## Fragen

- Das Wort »Inkarnation« kommt aus dem Lateinischen und bedeutet »Fleischwerdung«. Kannst du dir vorstellen, dass du das Göttliche bist, das vorübergehend in einen Körper inkarniert ist und eine menschliche Identität angenommen hat?
- Was bewirkt die Vorstellung in dir, dass jeder Mensch, der dir begegnet, und jede Situation, die du durchlebst, zu deiner geistigen Evolution beiträgt?
- Wie stellst du dir das Paradies auf Erden vor?

## Engel der Schönheit

Sei offen für die Schönheit des Lebens.

### Botschaft des Engels

Halte Ausschau nach den schönen Dingen, die dir täglich begegnen, den kleinen und den großen Lichtblicken, die dein Herz und deine Seele erfreuen. Deine Lebenslust erwacht, wenn du dich der Schönheit bewusst zuwendest und sie achtest. Sie birgt einen himmlischen Zauber in sich, der dich zutiefst berührt, dir innere Harmonie schenkt und dich inspiriert, selbst Schönes zu erschaffen. Du bist von so viel Schönheit umgeben – du musst nur genauer hinsehen. Lasse dich von Schönem berühren, und fühle, wie es dich die Sorgen und Ängste vergessen lässt.

## Beschreibung und Deutung der Karte

Der Engel steht inmitten eines zauberhaften Blütenmeers, sein langes Haar schmückt eine rote Rose. Ganz anmutig, fast tänzerisch steht die Engelfrau da, während ihre schönen, pinkfarbenen Flügel gleichmäßig geöffnet sind. Der Engel strahlt ganz selbstverständlich Schönheit und Harmonie aus. Wenn du in der Energie der Anmut und des Liebreizes schwingst, fühlst du dich vom Leben geküsst und sanft gestreichelt. Beim Anblick von Schönheit wird deine Seele berührt und an die Harmonie des Himmelreichs erinnert. Die Seele liebt Schönes und sehnt sich danach.

## Fragen

- Glaubst du, dass Schönheit oberflächlich ist und man auf sie keinen Wert legen sollte?
- Wann hast du das letzte Mal bewusst Schönheit wahrgenommen und sie wertgeschätzt?
- Was ist schön an dir? Betrachte dich im Spiegel, und finde mindestens drei Dinge, die dir gefallen.

## Engel des Schutzes

Du wirst von der Göttlichen Kraft beschützt. Du bist in Sicherheit.

### Botschaft des Engels

Was auch immer geschieht, Gott hält stets seine schützende Hand über dich. Seine Macht ist allgegenwärtig, sie durchdringt und trägt alles, was ist. Selbst wenn du dich gerade in einer schwierigen Situation befindest und an deinem Göttlichen Beistand zweifelst, wirken himmlische Kräfte in dir und um dich herum. Daher lasse deine Angst los, entspanne dich, und fühle dich beschützt, geborgen und getragen. Du bist in Sicherheit – jetzt und für immer.

## Beschreibung und Deutung der Karte

Der Engel hält die Erde sicher in seinen Armen. Die weiße Taube über ihm symbolisiert die höhere Macht, die ihn geschickt hat. Als Mensch bist du deines Göttlichen Beistands oft nicht gewahr und fühlst dich daher allein und verlassen. Aber du bist nicht allein – warst es nie und wirst es nie sein. Deine gesamte Existenz liegt in den Händen Gottes. Gott kennt jeden deiner Schritte und weiß genau, wie du dich fühlst. Er wartet darauf, dass du seiner gewahr wirst und dich ihm zuwendest. Wenn du dich dieser Wahrheit öffnest, wirst du dich nie wieder schutzlos und einsam fühlen.

## Fragen

- Fühlst du dich oft von Gott verlassen?
- Kannst du dich an eine Situation in deinem Leben erinnern, in der du dich von höheren Mächten beschützt und getragen gefühlt hast?
- Weißt du noch, wie sicher und getragen du dich oft als kleines Kind gefühlt hast? Schließe die Augen, und schwelge erneut in diesem wundervollen Zustand.

# Engel der bedingungslosen Liebe

Du bist Liebe. Du bist Liebe. Du bist Liebe.

## Botschaft des Engels

Ganz gleich, was geschieht, meine Liebe zu dir ist grenzen- und bedingungslos. Ich werde immer an deiner Seite sein und meinen Segen und mein Licht in dein Leben fließen lassen. In deinem Kern bist auch du reine Liebe, sie ist deine Essenz, deine wahre Göttliche Natur. Wenn du mit den Augen der Liebe auf dich selbst und die Welt schaust, siehst du keine Makel mehr, sondern nur Vollkommenheit. So findest du zu innerem Frieden und fühlst dich im Einklang mit allem, was ist.

## Beschreibung und Deutung der Karte

Der Engel schaut dich voller Mitgefühl an. Seine bedingungslose Liebe zu dir lässt seine Aura und sein Herz hell erstrahlen. Der Engel lädt dich ein, dein Herz für die bedingungslose Liebe zu öffnen, damit ihre enorme Kraft auch dein Sein durchfluten kann. Er liebt dich, ganz gleich, was du auch über dich selbst denken magst. Er erkennt deine Göttliche Essenz und heilige Vollkommenheit, und er weiß, dass du sie eines Tages auch wahrnehmen wirst.

## Fragen

- Wie fühlst du dich in dem Wissen, dass du einen himmlischen Begleiter hast, der dich bedingungslos liebt?
- Ist dir bewusst, dass die Liebe alle Wunden heilen kann?
- Kannst du dich an eine Situation aus deiner Vergangenheit erinnern, in der deine reine Liebe unmittelbar für Beschwichtigung, Erleichterung und Beruhigung gesorgt hat? Könntest du diese Liebe öfter fließen lassen?

## Engel des Friedens

Die Zeit des Kämpfens ist vorbei. Lasse nun Frieden in dein Leben einkehren.

### Botschaft des Engels

Es ist Zeit, dass du deine Waffen niederlegst und die Kampfarena verlässt. Gegen wen oder was du auch immer gerade kämpfst, lasse den Streit, den Zwist und die Anstrengung hinter dir, und begib dich in deinen inneren Raum, in dem es vollkommen still und harmonisch ist. Hier kannst du tief durchatmen und dich von friedvoller Energie durchströmen lassen. Ruhe dich aus, und genieße den Frieden, der dein Herz erfüllt, deinen Geist beruhigt und deine Seele zum Strahlen bringt.

## Beschreibung und Deutung der Karte

Inmitten einer wunderschönen Berglandschaft betrachtet ein Mädchen entzückt die Lämmer, die sich zu seinen Füßen niedergelassen haben. Der hinter ihm stehende Engel lässt ihm seinen Segen zuteilwerden. Das Bild ist erfüllt von Frieden und Harmonie und lädt dich ein, diese Qualitäten in dir zu entwickeln.

## Fragen

- Hast du manchmal das Gefühl, dass das Leben ein einziger Kampf ist?
- Gegen wen oder was kämpfst du im Moment, und was wäre, wenn du den Sieg schließlich erringen würdest? Könntest du ihn dann genießen, oder würde bereits die nächste Herausforderung auf dich warten?
- Stelle dir vor, in dir herrscht vollkommender Frieden. Wie wirkt sich das auf deine Umgebung aus?

# Engel der Seelenmelodie

Lausche voller Hingabe der Melodie deiner Seele.

## Botschaft des Engels

Ich spiele für dich die Melodie deiner eigenen Seele, damit du dich an sie erinnerst. Höre genau hin, tauche in die Melodie ein, und lasse dich von ihrer sanften Schwingung tragen – weg von dem Trubel der äußeren Welt und hinein in deinen inneren Raum. Hier kannst du deine Kräfte sammeln und bist ganz bei dir. Sobald du das tust, wirst du deiner Seele wieder vollkommen gewahr. Spüre ihre Liebe zu dir, und vernimm ihren Ruf: »Traue dich, mir zuzuhören. Du brauchst mich mehr, als du vielleicht denkst, denn ich bin der Schlüssel, der die Tür zu deiner Heilung und Ganzwerdung öffnet.«

## Beschreibung und Deutung der Karte

Der Engel spielt vollkommen in sich versunken Geige und lässt die Melodie deiner Seele erklingen. Die Landschaft um ihn herum erstrahlt in den schönsten Farben. Wenn du dem Ruf deiner Seele folgst, verändert sich nicht nur dein Blick auf dich selbst, sondern auch der auf die äußere Welt. Alles um dich herum erscheint dir freundlicher, leuchtender und farbintensiver. Du erkennst die Pracht, die dich umgibt, und kannst freudvoll darin eintauchen.

## Fragen

- Wann hast du deine Seele zuletzt wahrgenommen? Antworte spontan, ohne darüber nachzudenken.
- Welche Farbe verbindest du mit deiner Seele, und wie geht es dir, wenn du dich mit dieser Farbe umgibst, zum Beispiel in Form von Kleidung, Bildern und Möbeln?
- Welche Musik berührt deine Seele?

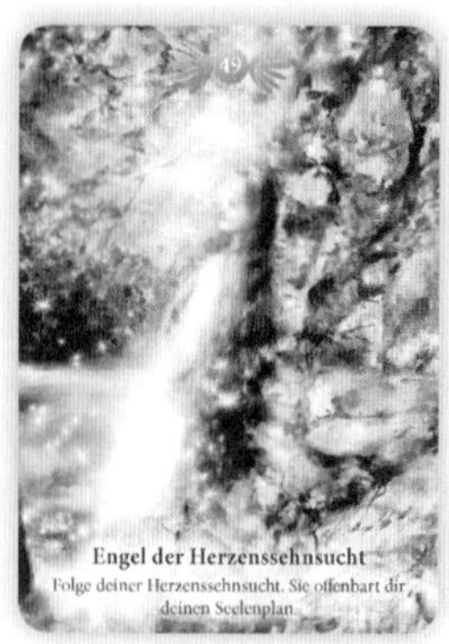

## Engel der Herzenssehnsucht

Folge deiner Herzenssehnsucht. Sie offenbart dir deinen Seelenplan.

### Botschaft des Engels

Allzu leicht lasst ihr Menschen euch durch oberflächliche Wünsche von eurer wahren Sehnsucht ablenken. Nimm dir die Zeit und den Raum, tief in dich zu gehen und zu erkunden, was dein Herz wirklich will. Deine Herzenssehnsucht zeigt dir den richtigen Weg und offenbart dir deinen Seelenplan. Du erkennst die Sehnsucht deines Herzens daran, dass sie dich zum Licht zieht und dir Harmonie und inneren Frieden bringt. Folge deiner Herzenssehnsucht, und du wirst immer mehr spüren, dass du von höchsten Mächten begleitet und beschützt wirst.

## Beschreibung und Deutung der Karte

Der Engel lehnt verträumt an einem Baum und hat die Hände auf seine Brust gelegt. Er weiß genau, was sich sein Herz wünscht und dass ihn diese Sehnsucht zu seinem höchsten Glück führen wird. Diese Gewissheit lässt ihn selig lächeln und ihn im hellsten Licht erstrahlen. Lasse dich von dem Engel inspirieren, schaue hinter den Schleier der unzähligen weltlichen Begierden, und folge der Sehnsucht deines Herzens.

## Fragen

- Oberflächliche Sehnsüchte führen häufig zu zwanghaftem Verhalten und zu Abhängigkeiten. Was würdest du als deine oberflächlichen Sehnsüchte bezeichnen?
- Bist du zu sehr im Außen beschäftigt, als dass du dich deiner Herzenssehnsucht widmen könntest?
- Nimm dir einen Moment Zeit, zu fühlen, wonach sich dein Herz wirklich sehnt. Verspürt dein Herz vielleicht mehr als nur eine Sehnsucht?

# Engel der Seelenhochzeit

Deine Seele und Gott sind eins.

## Botschaft des Engels

Solange du dich mit Nichtigkeiten und Nebensächlichkeiten beschäftigst, herrschen Verwirrung und Ratlosigkeit in deinem Inneren. Fokussiere dich daher auf das Wesentliche, deine wahre geistige Aufgabe. Deine Seele sehnt sich danach, sich ins Licht auszudehnen, immer weiter, bis sie schließlich mit dem Göttlichen verschmilzt und so höchstes Glück sowie tiefsten Frieden erfährt. Wenn du nach diesem Ideal strebst, es dir stets vor Augen hältst, wird deine Energie angehoben. Dadurch fällt es dir auch leichter, den täglichen Herausforderungen des Lebens zu begegnen und sie zu meistern.

## Beschreibung und Deutung der Karte

Der Engel schreitet andächtig und tief in sich versunken zum Altar. Sein Hochzeitskleid und der Schleier scheinen aus reinem Licht gewebt zu sein. Es ist ein feierlicher Tag, eine hohe Zeit: Die Seele des Engels verschmilzt mit dem Göttlichen und hat somit ihr höchstes Ziel erreicht. Alle Kämpfe sind ausgefochten, vollkommener Frieden ist eingekehrt. Wenn du dich auf dein höchstes Ideal fokussierst, werden die Hochzeitsglocken auch für dich läuten.

## Fragen

- Verfolgst du konstant das höchste Ziel deiner Seele, oder lässt du dich immer wieder von weltlichen Nebensächlichkeiten ablenken und von deinem Weg abbringen?
- Was könnte dir helfen, dich stärker auf dein Ziel zu fokussieren?
- Kannst du dich an eine Erfahrung in deinem Leben erinnern, vielleicht aus der Kindheit, bei der du dich ganz eins mit Gott gefühlt hast? Wäre es nicht wundervoll, diese Vereinigung dauerhaft zu erleben?

# Über die Autorin und Künstlerin

Marija Schwarz hat schon früh begonnen, Yoga zu praktizieren und zu meditieren, um Zugang zur göttlichen Kraft zu finden. Dadurch wurde sie hellsichtig und -fühlend und kann seitdem Energien bei anderen Menschen sehen. Sie gibt in Kassel Kurse und Seminare im transformativen Sat-Yoga, im klassischen Hatha- und Yin-Yoga sowie im dynamischen Yoga.

Als Künstlerin spiritueller Bilder macht sie die von ihr empfangenen Visionen für andere sichtbar.

www.marija-schwarz.de
www.meditation-yoga-kassel.de

# Die Seelenkräfte entfalten

ISBN 978-3-8434-1469-2
176 Seiten

Marija Schwarz
**Deine Seele spricht mit dir**
Eine Reise in deinen inneren Raum zur Wunderkraft deiner Seele

Immer öfter verdrängt der Verstand die innere Stimme. Doch mit ihm allein lässt sich nicht alles im Leben regeln. Um auch die Kraft der Seele wiederzuerwecken, müssen wir unsere Energie nach innen lenken und bewusst aus dem Hamsterrad des Alltags aussteigen. Dieses Buch zeigt, wie das leicht funktioniert: Der Leser lernt, seine Gedanken zur Ruhe kommen zu lassen, körperliche und seelische Blockaden zu lösen und seine Chakras in Harmonie zu bringen. Wer dadurch im Einklang mit sich selbst ist, hat unbegrenzten Zugriff auf seine Seelenkraft und kann sich von ihr in ein achtsames und erfüllendes Leben leiten lassen.